RK-018

MASSIMILIANO AFIERO

NETTUNO
IL "BARBARIGO" IN LINEA
MARZO 1944

Nettuno - Il "Barbarigo" è in linea! Marzo 1944 - RK018 Prima edizione Giugno 2024 by Luca Cristini Editore per i tipi Soldiershop - Ritterkreuz Special.
Cover & Art Design by Soldiershop factory.   ISBN code: 979125589-1369
First published by Luca Cristini Editore, copyright © 2023. No part of this publication may be reproduced, stored in a retrieval system or transmitted by any form or by any means, electronic, recording or otherwise without the prior permission in writing from the publishers. The publisher remains to disposition of the possible having right for all the doubtful sources images or not identifies.
Visit www.soldiershop.com to read more about all our books and to buy them.

In merito alle serie Ritterkreuz e The Axis Forces ecc. l'editore Soldiershop informa che non essendone l'autore ne il primo editore del materiale pervenuto per la stesura del volume, declina ogni responsabilità in merito al suo contenuto di testi e/o immagini e la sua correttezza. A tal proposito segnaliamo che la pubblicazione Ritterkreuz tratta esclusivamente argomenti a carattere storico-militare e non intende esaltare alcun tipo di ideologia politica presente o del passato cosi come non intende esaltare alcun tipo di regime politico del secolo precedente ed alcuna forma di razzismo.

Massimiliano Afiero

Nettuno
Il 'Barbarigo' è in linea!
Marzo 1944

Nettuno, il Barbarigo è in linea!

Nettuno, il Barbarigo è in linea!

Dopo l'8 settembre 1943, tra i reparti italiani che si offrirono subito di tenere fede all'alleanza con la Germania nazionalsocialista ci fu la Decima Flottiglia Mas *del principe Junio Valerio Borghese. Subito dopo l'8 settembre, dalla sua base di La Spezia, il capitano di fregata Borghese contattò i tedeschi, informandoli della sua intenzione di continuare a combattere al loro fianco: il 12 settembre, Borgese stabilì con il capitano di vascello tedesco Berninghaus un trattato con il quale la X^a Mas veniva considerata alleata della Germania, ma appartenente di fatto alla Marina italiana, con bandiera italiana. Fu l'atto di nascita della Marina Nazionale Repubblicana: oltre al recupero di grandi quantità di materiali e mezzi, la Decima fece affluire nelle sue file anche un gran numero di marinai e soldati internati dai tedeschi. Migliaia di volontari si presentarono a La Spezia, chiedendo di essere arruolati nella formazione e rapidamente tutti gli organici dei reparti e delle scuole navali furono al completo. Venne decisa così la formazione di reparti di fanteria di marina: nell'inverno 43/44 vennero costituiti i primi tre battaglioni, il* Nuotatori Paracadutisti, *il* Maestrale *(rinominato poi* Barbarigo*) ed il* Lupo. *Il battaglione* Barbarigo *fu tra le prime unità italiane ad essere impiegata sul fronte di Nettuno per contrastare lo sbarco alleato avvenuto nel gennaio del 1944 sulla costa laziale, nei pressi delle località di Anzio e Nettuno (allora riunite in un solo comune chiamato Nettunia). Il 19 febbraio 1944, gli uomini del* Barbarigo *partirono per Roma, a bordo di autobus civili: il battaglione era strutturato su un Comando e quattro compagnie, per un totale di 980 uomini tra ufficiali e marò. Come armi c'erano i mitra MAB, alcuni fucili mitragliatori Breda 30 e qualche mitragliatrice Breda 37. Non c'era l'artiglieria, non c'erano le mitragliere e mancavano anche i cappotti per ripararsi dal freddo. Per la maggior parte dei giovani volontari mancava anche l'esperienza di combattimento. Le uniformi erano quelle grigioverdi da paracadutista con il basco ed il maglione a collo alto. Durante una sosta a Siena, si aggiunsero altri duecento volontari, tutti gli allievi della locale scuola Allievi Ufficiali della GNR. Il battaglione giunse nella capitale alla fine di febbraio, dopodiché fu avviato al fronte, che raggiunse il 3 marzo. Al* Barbarigo *fu assegnato il tratto di fronte tra il lago di Fogliano ed il Canale Mussolini, all'estremità sud orientale della testa di ponte. Di fronte ai marò era schierata la* First Special Service Force, *un reparto d'élite misto canadese e statunitense. Pur senza grande esperienza di guerra, i marò del* Barbarigo, *sotto l'incessante fuoco nemico che pioveva da terra, dal mare e dal cielo, su un terreno fradicio, subendo continue perdite, riuscirono a mantenere le loro posizioni con grande spirito di sacrificio. Restarono in linea per ben tre mesi, durante i quali impararono il mestiere delle armi sul campo. Inoltre, alle quattro compagnie fucilieri si aggiunsero, sempre formate sul campo, una quinta compagnia cannoni ed il gruppo d'artiglieria* San Giorgio. *Alla fine di maggio, l'offensiva alleata decretò l'abbandono della linea ed il* Barbarigo *si ritirò combattendo. La seconda compagnia si sacrificò in parte a Cisterna di Latina, ed il suo Guardiamarina Alessandro Tognoloni si guadagnò in un assalto individuale contro i carri alleati, la Medaglia d'Oro. La terza compagnia riuscì a restare compatta da Terracina a Roma sotto gli attacchi del nemico. Le altre compagnie e batterie che ripiegavano a piedi, finirono invece travolte. I resti del battaglione giunsero a Roma: erano circa 600 uomini. Con parte di essi, fu costituita una compagnia di formazione che si attestò fuori della capitale, per l'ultima resistenza alle avanzanti forze nemiche. Al mattino del 4 giugno 1944, gli uomini del* Barbarigo *abbandonarono Roma.*

Massimiliano Afiero

Nettuno, il Barbarigo è in linea!

Il comandante della Decima MAS, Junio Valerio Borghese.

Nettuno, il Barbarigo è in linea!

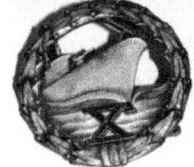

Cap. I) Fronte laziale, marzo 1944

"Il Barbarigo è il primo reparto cui è affidata la responsabilità di rivendicare l'onore delle nostre armi. Non dimenticatelo. Tutti noi dobbiamo sentire questa responsabilità sulle spalle; tutto ci deve spronare nel combattimento. Nessuno di noi teme la morte. Ma non basta morire. Bisogna saper morire e saper morire con disciplina. A voi del 'Barbarigo' viene affidata una tradizione luminosa. Fate che a gloria si aggiunga gloria. Nello stendardo che oggi portate alla difesa di Roma stanno tre simboli. Decima flottiglia MAS. *Dall'inizio della guerra, la 'Decima' con tenace volontà ha portato la distruzione e la morte alle unità nemiche riparate nei munitissimi porti e il giorno 8 settembre, ha rifiutato il tradimento e il disonore dell'armistizio tenendo alta la bandiera e continuando il combattimento.* San Marco. *Nome fulgido che per i fanti di mare da venti anni risuona grido di riscossa, di lotta e di vittoria.* Barbarigo. *Nome glorioso legato a due fra le più belle vittorie della Marina nelle acque dell'Atlantico. Fate dunque che a gloria si aggiunga gloria".*

La Spezia, Valerio Borghese passa in rassegna il battaglione *Barbarigo*.

Con questo discorso, il comandante della Decima MAS, Junio Valerio Borghese salutò a La Spezia, gli uomini del *Barbarigo*, prima della loro partenza per il fronte di Anzio, il 19 febbraio 1944. Anche il sottosegretario della Marina, l'ammiraglio Sparzani, salutò il

Nettuno, il Barbarigo è in linea!

battaglione, che sfilò per le strade di La Spezia, acclamato calorosamente dalla popolazione, felice di vedere nuovamente dei soldati italiani andare a difendere la Patria.

La Spezia, l'ammiraglio Sparzani saluta il *Barbarigo* in partenza. Al suo fianco il c.c. Bardelli.

La Spezia, 19 febbraio 1944: il *Barbarigo* sfila per le strade della città.

Nettuno, il Barbarigo è in linea!

Il battaglione *'Barbarigo'*, inizialmente chiamato *'Maestrale'*, era stato uno dei primi reparti di Fanteria di Marina della *'Decima'* ad essere costituito a La Spezia, nella caserma di San Bartolomeo, nel novembre del 1943. L'unità fu posta agli ordini del capitano di corvetta Umberto Bardelli[1]. Nel gennaio 1944, nel ricordo del sommergibile del comandante Enzo Grossi[2], gli fu attribuito il nome di *'Barbarigo'*.

La Spezia, 19 febbraio 1944: marò del *Barbarigo* prima della partenza.

Il capitano di corvetta Umberto Bardelli.

Delle sue quattro compagnie, la 2ª e la 4ª erano state addestrate a San Bartolomeo, mentre la 1ª e la 3ª erano state trasferite per l'addestramento a Cuneo, alla caserma San Dalmazzo. Verso la metà di febbraio, il battaglione fu raggruppato di nuovo a La Spezia. Il 19 febbraio 1944, l'unità ricevette dal comandante Borghese la bandiera di combattimento e il giorno 20, partì per il fronte di Anzio-Nettuno, dove gli angloamericani avevano creato una testa di ponte dopo lo sbarco avvenuto il 22 gennaio 1944 (operazione *Shingle*). L'ordine di battaglia del *Barbarigo*, nel febbraio 1944, era il seguente[3]:

<u>Comandante</u>: capitano di c. Umberto Bardelli
<u>Comandante in seconda</u>: capitano S.M. Giuseppe Vallauri

Nettuno, il Barbarigo è in linea!

Roma, 28 febbraio 1944: un giovane marò del *Barbarigo* durante una cerimonia ufficiale (*Bundesarchiv*).

Roma, 21 febbraio 1944. Un reparto del *'Barbarigo'* durante la simbolica consegna dei pugnali da parte della Polizia dell'Africa Italiana.

Compagnia comando: sottotenente Mario Bordogna
1ª compagnia (*'Decima'*): capitano Giulio Gay
2ª compagnia (*'Sciré'*): tenente Domenico Trettene
3ª compagnia (*'Iride'*): tenente Mario Honorati
4ª compagnia (*'Tarigo'*): capitano Bruno Malferrari

Nella città eterna

A bordo di torpedoni, passando per Firenze, Siena, Orvieto, Viterbo, i marò giunsero a Roma, dopo essere finiti sotto i bombardamenti aerei degli Alleati. Durante una sosta a Siena, più di duecento allievi della locale scuola ufficiali della GNR, si unirono ai marò, desiderosi di combattere da subito in prima linea. Nella capitale, i marò restarono alcuni giorni, alloggiati presso la caserma '*Graziosi Lante*' a Piazza Randaccio, dove aveva sede *Maridist*, il distaccamento romano della Marina repubblicana. Per tentare di tenere alto il morale degli uomini, ma anche per ragioni di propaganda, furono organizzate alcune sfilate, presenziate da alte cariche militari italiane e tedesche. Il 21 febbraio, nel corso di una cerimonia ufficiale, ai marò del *Barbarigo* furono donati, dagli ufficiali e dal comandante della PAI (Polizia Africa Italiana), dei pugnali di foggia vagamente africana, che si rivelarono molto utili nei successivi combattimenti sulla testa di ponte di Anzio. Il comandante Bardelli approfittò di questi giorni di attesa per migliorare l'armamento e l'equipaggiamento dei suoi reparti:

Nettuno, il Barbarigo è in linea!

il battaglione godeva di un buon armamento individuale, basato sul mitra *Beretta*, ma mancavano le armi pesanti, soprattutto le mitragliatrici e i mortai.

Il comandante militare tedesco di Roma, generale Kurt Mälzer, passa in rassegna il *Barbarigo*.

Fu allora che intervenne un capitano dei *Granatieri di Sardegna*, Alberto Marchesi, che dopo l'8 settembre 1943, era stato impegnato a recuperare tutto il materiale abbandonato dai reparti italiani in fuga, nei magazzini della caserma '*Ferdinando di Savoia*' a Pietralata. Da qui, il capitano Bardelli poté prendere tutto quello che voleva e portò con sé anche lo stesso capitano Marchesi, affidandogli l'incarico di ufficiale addetto ai rifornimenti.

Note

[1] Nato a Livorno l'11 marzo 1908, Umberto Bardelli dopo aver frequentato il ginnasio, il 18 ottobre 1924 entrò nella Regia Accademia Navale di Livorno come Allievo Ufficiale macchinista. All'inizio della guerra, Bardelli si imbarcò sul sommergibile posamine *Zoea*, impegnato in missioni di trasporto munizioni verso l'Africa settentrionale italiana. Passò quindi a bordo del sommergibile *Benedetto Brin* e il 25 ottobre, oltrepassò lo stretto di Gibilterra per raggiungere la base atlantica di Bordeaux. Nel febbraio 1941, si imbarcò come direttore di macchina sul *Reginaldo Giuliani*, che a marzo si trasferì presso la base di Gotenhafen. Nel febbraio 1942, rientrò in Italia, assegnato all'Ufficio Allestimento Sommergibili di Taranto. Promosso Maggiore del Genio Navale il 18 ottobre 1942, si imbarcò sulla *Vittorio Veneto*. Decorato con la Croce di guerra al valor militare, tra il 22 maggio e il 31 agosto 1943, fu imbarcato sull'incrociatore leggero *Scipione Africano*, partecipando al forzamento dello stretto di Messina (Operazione *Scilla*). Subito dopo l'8 settembre 1943, raggiunse Trieste, dove si mise a disposizione delle autorità militari tedesche, per poi spostarsi a Pola. Appena seppe che il comandante Borghese stava riorganizzando la X^a Flottiglia MAS sotto le insegne della Repubblica Sociale Italiana, partì da Trieste per raggiungere la caserma del Muggiano, a La Spezia.

[2] Enzo Grossi nato a San Epigma in Brasile, il 20 aprile 1908. Durante la Seconda Guerra Mondiale, fu al comando dei sommergibili *Medusa* e *Barbarigo*. Con quest'ultimo, attaccò e distrusse una corazzata di classe *Maryland* il 20 maggio 1942, mentre il 6 ottobre 1942, affondò una corazzata di classe *Mississippi*. Per questi affondamenti (poi smentiti nel dopoguerra) fu decorato con due Medaglie d'Oro al Valor Militare. Dopo l'8 settembre 1943, aderì alla Repubblica Sociale Italiana, assumendo il comando della base di *Betasom* a Bordeaux.

[3] Informazioni ricavate da Giorgio Pisanò, "*Gli ultimi in grigioverde*", pag. 1072, 1073.

Nettuno, il Barbarigo è in linea!

Panzer e granatieri tedeschi durante i combattimenti sulla testa di ponte di Anzio, febbraio 1944.

Cap. II) Sulla testa di ponte

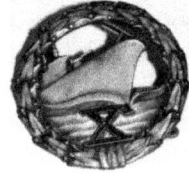

Nel gennaio 1944, nella loro avanzata lungo la penisola italiana, le forze americane della 5ª armata, avevano raggiunto la linea di difesa tedesca denominata *Gustav*, che correva lungo il fiume Garigliano. Incontrando una strenua resistenza soprattutto nel settore di Cassino e lungo il fiume Rapido, i comandi alleati pensarono di colpire alle spalle le forze tedesche, sbarcando un corpo di spedizione sulla spiaggia laziale tra Anzio e Nettuno: i due comuni in quel periodo erano stati unificati in un'unica municipalità, chiamata Nettunia. Il VI Corpo d'armata del generale Lucas sarebbe dovuto sbarcare dietro le linee tedesche, nello stesso momento in cui doveva essere sferrato un attacco frontale nel settore di Cassino. In questo modo il VI Corpo avrebbe tagliato ai tedeschi le linee di comunicazione tra Roma e Cassino ed isolato la 10ª armata tedesca.

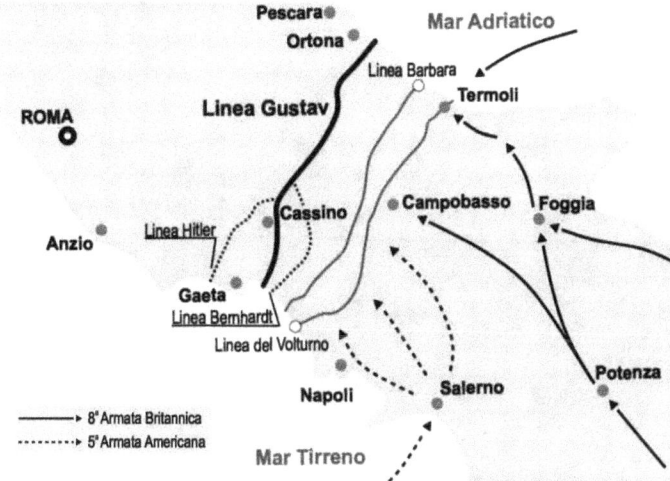

Avanzata delle forze alleate verso Roma e linee difensive tedesche.

Albert Kesselring.

Truppe e mezzi anfibi alleati durante lo sbarco sulla costa laziale, gennaio 1944.

Operazione Shingle

I primi sbarchi avvennero il 22 gennaio 1944 (Operazione "*Shingle*") e già il giorno dopo cinquantamila soldati alleati erano sulla terraferma: il VI Corpo d'armata alleato comprendeva la 1ª divisione inglese, la 45ª divisione di fanteria Usa, più numerosi reparti di *rangers* Usa e *commandos* inglesi. Nel settore, i comandi tedeschi disponevano di pochissime

Nettuno, il Barbarigo è in linea!

forze. Subito dopo lo sbarco alleato fu possibile far giungere in zona solo alcuni reparti della *Flak*, dell'artiglieria ed alcuni mezzi corazzati. Ma gli stessi comandi tedeschi si adoperarono in fretta per far affluire tutte le forze disponibili, approfittando anche del fatto che il generale americano Lucas invece di spingersi subito all'interno, volle attendere lo sbarco dell'artiglieria pesante e dei carri armati. Il *Feldmarschall* Kesselring trasferì nella stessa giornata del 22 gennaio sulla testa di ponte, reparti della *4.Fallschrmjäger-Division*, di stanza a Perugia, e della *Fallschirm-Panzer-Division "Hermann Göring"*, di stanza nella zona di Priverno (in provincia di Latina).

Soldati e *Panther* tedeschi impegnati in combattimento sulla testa di ponte di Anzio, 1944.

Soldati tedeschi superano un *'Ferdinand'* distrutto.

Fu allertata anche la *16.SS-Panzergrenadier Division 'Reichsführer SS'*, ancora in via di formazione e con i suoi reparti sparsi tra l'Italia e la Slovenia. Subito dopo lo sbarco alleato tra Anzio e Nettuno, anche il Duce Benito Mussolini aveva espressamente richiesto a Kesselring l'invio immediato di reparti italiani sulla testa di ponte. Kesselring rispose qualche giorno dopo al Duce, informandolo che l'*SS-Ogruf.* Karl Wolff, aveva già autorizzato l'immediato equipaggiamento ed armamento dei reparti SS italiani ed il loro successivo trasferimento in prima linea, insieme ai reparti

Nettuno, il Barbarigo è in linea!

paracadutisti della *Nembo*, passati anch'essi al fianco dei tedeschi dopo l'8 settembre 1943 e già il 12 febbraio 1944 giunse sulla testa di ponte un primo reparto di paracadutisti italiani. All'inizio di marzo fu la volta dei marò del *Barbarigo*.

L'area a sud di Roma, dove si formò la testa di ponte alleata.

Parà della *Nembo* ad Anzio.

Un gruppo di Marò del *Barbarigo*.

L'arrivo del Barbarigo

Nella serata del 3 marzo 1944, i marò partirono finalmente per il fronte. A bordo di camion, dopo aver superato Velletri, si fermarono a Sermoneta, dove c'era un posto di osservazione tedesco dal quale si dominava tutta la testa di sbarco alleata. I marò poterono così osservare gli scambi a distanza delle opposte artiglierie. Bardelli ordinò subito la dislocazione dei reparti di servizio: in una casa nei pressi del bivio per Littoria, furono sistemate le cucine da campo e nella stessa zona fu anche sistemata la base dei rifornimenti, quella che i Tedeschi chiamavano il *'tross Valentini'*, dal nome dell'ufficiale che la dirigeva, il tenente Riccardo Valentini. A Doganella, fu insediato invece l'ospedale da campo sotto la guida del tenente medico Almo Maggiani. Subito dopo, il comandante Bardelli, accompagnato dal comandante in seconda, capitano Vallauri e dall'aiutante maggiore, tenente Urbano Rattazzi, andarono a conferire con l'*Oberst* Friedrich von Schellerer, comandante di un gruppo da combattimento della *715.Infanterie-Division*. Questa divisione, agli ordini del *Generalleutnant* Hans-Georg Hildebrandt, difendeva tutto il settore meridionale della testa di ponte, da Cisterna fino al mare. Creata originariamente come una divisione di fanteria statica con compiti di presidio, era stata inviata in tutta fretta a Nettuno dopo lo sbarco

Nettuno, il Barbarigo è in linea!

alleato, non adeguatamente equipaggiata: la maggior parte delle sue armi era di preda bellica e il suo reggimento artiglieria comprendeva un solo gruppo di obici da 105 mm e un gruppo di cannoni campali di preda bellica russi da 7.62 cm.

Soldati della *Luftwaffe* del 7. Btl. z.b.V. al riparo di una trincea, marzo 1944.

Tenente di Vascello Giulio Cencetti.

La divisione aveva subito fin dall'inizio dei combattimenti pesanti perdite e a tal scopo, l'*Oberst* von Schellerer espresse a Bardelli la sua intenzione di utilizzare i marò del *Barbarigo* per rinfoltire le sue decimate compagnie. Ma il comandante italiano si oppose, motivando che il *Barbarigo* era un reparto organico formato da soldati italiani e tutti i suoi uomini, dagli ufficiali ai marinai, erano decisi a combattere con bandiera italiana e per la causa italiana e nessuno avrebbe accettato di essere inquadrato in unità tedesche. Il battaglione doveva combattere unito, pur dipendendo tatticamente da una unità tedesca. Ascoltiamo a tal proposito, la testimonianza del tenente Giulio Cencetti: "*...E Bardelli comincia a parlare. Fuoco di fila saettante, rapido...Il Tedesco* [von Schellerer, ndA], *non capisce, ma comprende che ha di fronte un italiano diverso da quelli che gli hanno descritto...il tenente Rattazzi iniziò a tradurre..'questo reparto è nato per combattere compatto nei suoi*

Nettuno, il Barbarigo è in linea!

organici...Esso, costituito di volontari italiani con bandiera italiana, con divisa e armi italiane, comandato da ufficiali italiani, pretende un suo settore ben assegnato nello schieramento, di cui rispondere e nel quale combatterà fino all'ultimo marò. Il 'Barbarigo' non sarà mai un qualsiasi reparto complementi e tanto meno è fatto di salmeristi. Continuiamo la guerra noi, non si viene mica a patire 'cobelligeranze' strane!'...Sta bene. Accordato. Subito una compagnia al Canale Mussolini, perché lì c'è bisogno di gente. Altre due schierate dal limite del Lago di Fogliano, attraverso Strada Nascosta, per la Strada Lunga, fino al fosso del Gorgolicino. Una quarta a Sezze, alla svelta, in addestramento aggiornativo sui mezzi germanici, e man mano che si potrà effettuare il cambio dalle linee anche le altre compagnie si alterneranno a Sezze...".

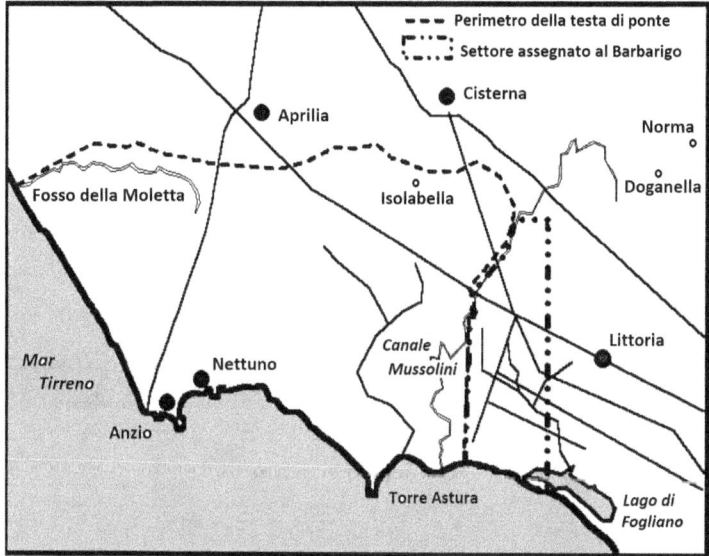 

Mappa della testa di ponte con il settore assegnato al *Barbarigo*.   Umberto Bardelli.

Una postazione difensiva tedesca sul fronte laziale, 1944.

Dopo accesi colloqui, von Schellerer accettò quindi le richieste di Bardelli: le quattro compagnie sarebbero state schierate lungo il settore del *Grenadier-Regiment 735*, dal tratto del Canale Mussolini verso il mare per Borgo Piave, Cerreto Alto e Borgo Sabotino. Subito dopo essersi insediate in prima linea, le singole compagnie seguirono a turno corsi di addestramento con istruttori tedeschi, soprattutto per istruire i marò all'utilizzo

Nettuno, il Barbarigo è in linea!

delle principali armi anticarro, come i *Panzerfaust*. Nello stesso tempo, si registrarono i primi caduti, nel corso delle prime azioni di pattuglia e nei combattimenti difensivi: dopo le due controffensive tedesche dei mesi precedenti, il fronte appariva completamente statico e ricordava la lotta delle trincee della Prima Guerra Mondiale. Il terreno paludoso, rendeva inoltre impossibile poter scavare buche profonde per potersi riparare. Furono quindi costituiti dai marò dei capisaldi fortificati. Non c'era da ambo le parti una linea difensiva continua, quindi era facile per le pattuglie infiltrarsi facilmente tra le posizioni.

L'abitato di Littoria e i Monti Lepini visti dalle posizioni del *Barbarigo*.

Marò del *Barbarigo* in marcia, marzo 1944.

Ascoltiamo ancora la testimonianza del tenente Giulio Cencetti: "...*la I*ª *compagnia si fa sotto Canale Mussolini. Le buche vuote sono raggiunte tra moccoli soffocati dagli 'Zutt!' delle guide tedesche....'Ja. Italiener? Gut!', bisbigliavano i crucchi. 'Tommy, qui, molto bum bum. Unsere Kompanie alles Kaputt'* [la nostra compagnia, tutti morti, ndT]. *Ma quegli sciagurati sbarbatelli, solo perché avevano in mano il mitra e quattro 'Breda' calibro otto, facevano il sorrisino, quasi a dire: 'Mo' ci siamo noi. Si, noi, che siamo quello che siamo!'. In breve, la 1*ª *si è distesa....Chi non sa, forse non può rendersi conto cosa vuol dire, stare sotto il fuoco d'artiglieria di un intero settore nemico che da giorni ha inquadrato le postazioni, con l'avversario che vi sta di fronte, alla distanza limitata da un ristretto corso di acqua....L'alba appare grigia, caliginosa e uniforme, spezzata appena dal disco di un pallido sole. Primo giorno di fronte. Alberto Spagna (diciannove anni) voleva vedere la linea, quella linea dove finalmente era arrivato, su da la Spezia con il suo battaglione... Si alza. L'elmetto*

Nettuno, il Barbarigo è in linea!

supera il margine della buca. Alberto sfiora esili fili d'erba che piegano al suo respiro. In un attimo i suoi occhi vedono tutta una campagna rugiadosa, oltre l'altro argine...Poi, improvvisamente un colpo. Nei timpani suono di campana dell'elmetto bucato. Più niente. Rotola giù tra le braccia dei camerati...E' il primo. Il fronte riprende fuoco. Giorni d'inferno. Puntate, attacchi. Granate, raffiche, urla in arrivo, vampe in partenza...".

Fronte di Nettuno, marzo 1944: postazione difensiva del *'Barbarigo'*.

In combattimento

Reparti tedeschi impegnati sul fronte di Anzio.

Nel marzo 1944, il battaglione *Barbarigo* era stato trasferito sulla testa di ponte di Anzio e dislocato lungo il settore del *Grenadier-Regiment 735 (715.Inf.Div.)*, dal tratto del Canale Mussolini verso il mare per Borgo Piave, Cerreto Alto e Borgo Sabotino. I marò furono da subito impegnati in azioni di pattuglia e in combattimenti difensivi. Al mattino del 6 marzo, quando si doveva ancora completare lo schieramento delle compagnie, il battaglione lamentò il suo primo caduto, un marò di diciotto anni, Alberto Spagna. Di fronte al settore tenuto dal *Barbarigo*, c'erano i reparti

Nettuno, il Barbarigo è in linea!

della *First Special Service Force*, una unità speciale composta da soldati americani e canadesi, ben addestrati ed equipaggiati come i *Rangers*: questi attaccarono subito le posizioni del *Barbarigo*, per valutarne la resistenza e la consistenza.

Marò del *Barbarigo* impegnati ad attaccare un caposaldo nemico, marzo 1944.

Un marò ed un caporale tedesco in azione.

Il 9 marzo, durante una loro azione, furono catturati tre marò, colti di sorpresa mentre trasportavano un paniere di uova raccolte in un pollaio abbandonato. Verso sera, il generale Frederick, comandante del reparto alleato, constatata la presenza di nuovi reparti, ordinò una nuova puntata offensiva, attaccando gli avamposti nella terra di nessuno. Mentre i capisaldi *Berta* e *Clara* cadevano in mano al nemico, il caposaldo *Dora* riuscì a respingere l'attacco. Nell'azione furono catturati sette soldati tedeschi e tre marinai italiani. Seguirono giorni di pioggia incessante, che bloccarono completamente ogni attività. Di giorno, l'artiglieria nemica colpiva incessantemente le posizioni italo-tedesche, non appena gli osservatori alleati notavano un minimo movimento. L'azione dei cecchini da ambo le parti, costringeva tutti a restare rintanati nelle loro buche e nelle loro posizioni, piene di fango e di

Nettuno, il Barbarigo è in linea!

acqua. Di notte, l'artiglieria cessava la sua attività ed allora entravano in azione le pattuglie, che si spingevano nella terra di nessuno, per posizionare mine, catturare prigionieri, distruggere postazioni nemiche e raccogliere informazioni.

Postazioni difensive tedesche sul fronte di Anzio, primavera 1944.

Marò del *Barbarigo*, armati con mitra MAB, impegnati nell'addestramento a Sezze Romano, marzo 1944.

I marò continuarono ad essere impegnati a rinforzare le loro posizioni, senza avere la possibilità di poter scavare buche e trincee profonde a causa del terreno acquitrinoso. Nel corso del mese di marzo, proseguirono le attività di pattuglie, condotte quasi sempre con successo, ma che fecero registrare anche nuove perdite. Poco alla volta però, i reparti del *Barbarigo* iniziarono a guadagnarsi il rispetto dei Tedeschi e del nemico. In questo stesso periodo, la 2ª compagnia fu ritirata dalla prima linea per essere trasferita a Sezze: qui, i marò furono impegnati a seguire un corso di addestramento all'utilizzo del *Panzerfaust*, un'arma anticarro formidabile per fermare i numerosi carri alleati impegnati sulla testa di ponte laziale.

Nettuno, il Barbarigo è in linea!

Fronte di Anzio, primavera 1944: alcuni marò schierati con il gagliardetto del *Barbarigo*.

Nettuno, il Barbarigo è in linea!

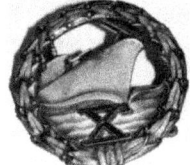

Cap. III) Il gruppo artiglieria San Giorgio

Il fuoco dell'artiglieria e dei mortai nemici era costante e i marò non potevano rispondere adeguatamente. Fin dal loro arrivo a Sermoneta, i Tedeschi avevano però fatto sapere che avrebbero potuto cedere alcuni pezzi di artiglieria italiani sequestrati dopo l'8 settembre. Della cosa se ne occupò inizialmente il comandante della 2ª compagnia Vallauri, un ex-artigliere, che andò a costituire la 5ª compagnia cannoni, agli ordini del S.T.V. Alberto Trettene, equipaggiata con quattro pezzi da 65/17 provenienti dal Museo dei granatieri. Successivamente, furono create due batterie, la 1ª su quattro pezzi 105/28 e la 2ª su quattro pezzi 105/32. Le due batterie che componevano il gruppo, saranno poi chiamate rispettivamente *Speranza* e *Fulmine*. Gli artiglieri furono prelevati dalle compagnie fucilieri, almeno una sessantina di marò, scelti dal comandante Bardelli in persona.

Il T.V. Alberto Trettene.   Un gruppo di ufficiali e marò del *San Giorgio*, marzo 1944.

Un pezzo da 125/28 della 1ª batteria del *San Giorgio*.

Il 7 marzo 1944, le batterie del *Barbarigo* furono trasferite in prima linea nella zona di Littoria. La prima (*Speranza*) fu dislocata inizialmente a sud-ovest della città, per battere il settore compreso tra il mare e Borgo Bainsizza. La seconda (*Fulmine*) a nord-ovest dell'abitato, per coprire la zona alta del fronte. Ognuna aveva schierato tre dei suoi cannoni in un posto ed il quarto in un altro. Quest'ultimo pezzo, detto '*pezzo fantasma*' svolgeva la

Nettuno, il Barbarigo è in linea!

funzione di attrarre su di sé il fuoco nemico. Nei giorni successivi, i marò iniziarono l'addestramento al maneggio ed alla conoscenza dei pezzi di artiglieria, sotto il controllo di graduati tedeschi. Nello stesso tempo fu avviata anche la costruzione delle posizioni per le stesse batterie, come piazzole, ricoveri e depositi per le munizioni.

Marinai del *San Giorgio* impegnati ad armare un pezzo da 105/23, primavera 1944.

Marò del *San Giorgio* impegnati a prestare le prime cure ad un camerata ferito.

Il 12 marzo, iniziarono i primi tiri, sempre sotto il controllo di ufficiali tedeschi. Questa prima fase di addestramento dovette però essere interrotta a causa di un improvviso e massiccio bombardamento dell'artiglieria alleata sulle batterie italiane, che causò notevoli perdite materiali e umane. Ascoltiamo la testimonianza del Capo di 2ª Classe, Urbano

Nettuno, il Barbarigo è in linea!

Medici[1]: "...*In men che non si dica la 1ª Batteria era pronta per fare fuoco; primo obiettivo era Borgo Sabotino, ad una distanza di circa 20 Km in direzione del mare*[2]. *La sera mi dissero 'Domattina, all'alba, c'è arrivato l'ordine di sparare'. Controllai le bolle di sbandamento, attesi gli ordini del caposezione tenente Pallastrini: 'Dare i dati! Pezzo base, tre colpi di assestamento! Controllare la convergenza! Fuoco per due ore!'.*

Marinai del Gruppo Artiglieria *San Giorgio*, impegnati sul fronte di Anzio-Nettuno, marzo 1944.

Un pezzo da 105/32 del *San Giorgio* della 1ª batteria, marzo 1944.

Erano circa le nove del mattino quando venne ordinato finalmente il 'fuoco' al pezzo base e subito dopo tutta la Batteria cominciò a sparare ininterrottamente. L'obiettivo fu colpito ripetutamente,

Nettuno, il Barbarigo è in linea!

anche con elogi comunicatici dal comando tedesco con un 'Jawohl!'. Verso le ore 12:00, ecco che l'inesperienza di un servente del 3° pezzo ci fu fatale. Un bossolo di proiettile rimase incastrato all'interno del cannone. L'addetto al caricamento, per facilitarne l'espulsione, lo prese con le mani e, trovandolo inevitabilmente infuocato, istintivamente lo lanciò lontano.

Bombardamento di artiglieria sul fronte di Nettuno, marzo 1944.

Il sergente Urbano Medici.

Un marò del *Barbarigo* davanti ad uno dei pezzi del *San Giorgio* ben mimetizzato.

Purtroppo il bossolo ricadde sulle cariche di lancio, sistemate poco distanti. Queste presero immediatamente fuoco provocando fiamme altissime ed intenso fumo bianco. A questo punto non fu difficile per il nostro nemico, la Marina americana, individuare la nostra postazione ed iniziare un fuoco concentrato contro di noi. Ricordo che un ufficiale gridò di abbandonare la linea pezzi e di mettersi nei rifugi, ma questi ancora non esistevano. Io che ero fra i più esperti, gridai ai serventi di gettarsi nelle buche create dalle cannonate, ma nello spostarmi da una buca all'altra, per un'esplosione nelle vicinanze, fui travolto da una massa di pietre e di terra". Nei giorni

Nettuno, il Barbarigo è in linea!

successivi, gli artiglieri furono impegnati a mimetizzare meglio le loro posizioni di fuoco. Verso la metà di marzo, giunsero di rinforzo il T.V. Renato Carnevale, alcuni sottotenenti provenienti dall'Accademia di Artiglieria e Genio di Torino e una cinquantina di uomini. Carnevale assunse quindi il comando del gruppo e avviò subito l'addestramento delle nuove reclute. Al gruppo di artiglieria del *Barbarigo* si pensò di dare il nome *'San Giorgio'*, a ricordo dell'incrociatore omonimo, tuttavia questo nome non fu mai utilizzato, poiché gli artiglieri si sentivano parte integrante del *Barbarigo*, dal quale continuarono a dipendere amministrativamente e materialmente.

Marzo 1944, fronte di Nettuno: un marò del *Barbarigo* nella sua postazione difensiva.

Artiglieria tedesca sul fronte di Anzio.

Venne formato così il Gruppo da combattimento *Barbarigo*, comprendente sia il battaglione di fanteria sia il gruppo di artiglieria, integrato nel *Kampfgruppe von Schellerer*: le batterie italiane erano inquadrate tatticamente nel 1° gruppo del 671° reggimento di artiglieria tedesco.

Continua la battaglia

Il 14 marzo, un plotone della 3ª compagnia, agli ordini del g.m. Mario Cinti, fu impegnato contro una formazione nemica. Grazie anche al fuoco di appoggio della 1ª Batteria del *San Giorgio*, l'attacco fu respinto: dopo aver sparato trecento colpi e scoperta dal nemico, la batteria subì un pesante fuoco di controbatteria. Nella notte tra il 17 ed il 18 marzo, entrò in azione una pattuglia mista italo-tedesca: il gruppo italiano era agli ordini del g.m. Mario Riondino, ex-ufficiale degli

Nettuno, il Barbarigo è in linea!

Alpini, i Tedeschi erano agli ordini di un *Feldwebel*. Il gruppo avanzò nella terra di nessuno, davanti alla Strada Lunga, per attaccare una casa colonica dove si pensava ci fosse un osservatorio nemico. I marò italiani entrarono per primi nella casa, sorprendendo nel sonno sette soldati americani. All'esterno, la sentinella fu abbattuta da una raffica di mitra sparata da un soldato tedesco: prima di spirare però, ebbe il tempo di dare l'allarme, sparando un razzo luminoso. Subito dopo, intorno alla casa, iniziarono a cadere i proiettili dell'artiglieria alleata, poi fu la volta del fuoco delle armi leggere.

Marzo 1944: alcuni marò del *Barbarigo* impegnati in un'azione esplorativa.

Marò del *Barbarigo* impegnati in combattimento.

In mezzo a quell'inferno di fuoco e fiamme, i marò, i fanti tedeschi e i prigionieri americani. Il comandante tedesco, un maresciallo, fu colpito da una scheggia. Il suo ferimento, fece disperdere il gruppo, mentre i prigionieri tentarono di scappare. Il g.m. Mario Riondino iniziò a sparare, colpendone due. A quel punto, gli americani si fermarono e furono portati al comando del battaglione. Riondino, pur ferito ad un piede, riuscì a portare tutti indietro. Ascoltiamo a tal proposito, la testimonianza del tenente Giulio

Nettuno, il Barbarigo è in linea!

Cencetti[(3)]: "....*Salve di mortai si avvicinano sempre più. Due tedeschi cadono. Tutti si appiattano, ma si rialzano: si deve correre. I prigionieri sono spinti dalle grida di Riondino e del feldwebel, saltano anche loro sul terreno, ché il piombo è uguale per tutti. Ora il gruppo è isolato. Una scheggia fa crollare il maresciallo tedesco. 'Alt, Stop!', grida Riondino. I prigionieri stesi, si voltano indietro, si intendono quasi senza vedersi. Per loro il momento è buono. Se ne alzano due. Riondino è piccolo ma in un solo lampo decide: una raffica. I due, riversi, non si muovono più.*

Marzo 1944: una pattuglia del *Barbarigo* si avvia in perlustrazione.

Marò del *Barbarigo* durante un attacco, marzo 1944.

Ma il mitra corto si è inceppato. Pensa: 'Io, così, non avevo mai ammazzato nessuno, questi li devo portare al Comando, ma il maresciallo come lo lascio?'. Intorno non si distingue più nessuno: tedeschi ed italiani nella 'ruzza', ciascuno sta pensando ai fatti suoi. Riondino striscia indietro e raggiunge il feldwebel. Un'ora fa non lo poteva soffrire quanto era lungo, adesso gli vuole tanto bene e sa che non lo lascerà morire così. Gli sussurra qualche cosa per convincerlo. L'altro intende e tende la mano. Una mano tesa, quando il sangue se ne va e ci si sente morire, intenerisce sempre. Un sussurro: 'Her

Nettuno, il Barbarigo è in linea!

Leutnant, mein Bruder!', 'Signor tenente, fratello mio!' e non era un raccomandarsi. I prigionieri in mezzo al piovere dei colpi, erano convinti che gli altri della pattuglia li avrebbero raffìcati a un solo cenno di fuga e restavano fermi. Mario si china e si mette sotto, e girando per tre quarti si issa il maresciallo sulle spalle. 'Quanto pesa un tedesco!'. Urla ai prigionieri di muoversi. 'Avanti! Manca poco ormai alle linee'. Tutto ancora si scatena.

Marzo 1944, fronte di Nettuno: marinai del servizio sanitario curano un ferito.

Una pattuglia tedesca impegnata sulla testa di ponte, marzo 1944.

Una frustata, come un guizzo a un calcagno. Il carico è pesante e forte è il dolore. Il sottotenente capisce che questa volta hanno colpito lui. Ma lì c'è tutto: uomo sul groppone, sangue che cola e prigionieri da portar via. Arriva, arrivano. E' l'ultimo a rientrare. E i prigionieri li porta lui al comando, così zoppo com'è. Quando venti giorno dopo, tornato da un ospedale, dove aveva fatto il diavolo a quattro, von

Nettuno, il Barbarigo è in linea!

Schellerer gli appuntò di persona la Croce di Ferro di Seconda Classe concessagli sul campo". Nel corso di uno dei successivi attacchi nemici condotto contro il tratto di fronte difeso dalla IIIª compagnia, i marò dopo aver respinto le forze nemiche si lanciarono al contrattacco e nei combattimenti che seguirono rimase ferito il comandante dell'unità, il S.T.V. Honorati.

Fronte di Nettuno, marzo 1944: una postazione del *Barbarigo* nei pressi del lago di Fogliano.

Un'altra postazione difensiva del *Barbarigo*.

Ascoltiamo ancora la testimonianza di Cencetti[4]: *"...la 3ª compagnia viene attaccata duramente. Notte arroventata. Molti cadono. Le buche non si riesce a farle star su per l'acqua che man mano ne corrode il fondo. In un contrattacco rimane ferito il comandante: il tenente Honorati, sereno, calmissimo. Perde molto sangue, ma tutto deve procedere. Ruffini, Leoncini e Cinti si prodigano facendo meraviglie con i ragazzi dei loro plotoni. Honorati è molto pallido, ma non perde neanche un attimo il controllo dell'azione. Gli è vicino, cercando di arrestare il sangue dalle ferite, un secondo capo allievo ufficiale....che lo esorta a ripiegare all'infermeria. Fermo diniego del tenente. Niente da fare se non si*

Nettuno, il Barbarigo è in linea!

Domenica del Corriere del 19 marzo 1944.

ristabilisce la situazione, situazione seria che grava sulle sue giovani spalle e su quelle dei ragazzi che resistono con quel loro ardore di piccoli santi e a cui non deve mancare l'esempio, la presenza del loro tenente. Ma il secondo capo con vuole lasciarlo. Allora Honorati con il braccio che gli è rimasto buono lo scuote un poco dicendogli: 'Basta. Lasciami, muoviti e va' dai ragazzi. C'è chi sta morendo!' E il sottufficiale obbedisce. Obbedisce due volte: perché è il suo tenente ed è anche il suo fratello maggiore. Si erano arruolati insieme, lo stesso giorno".

Altre incursioni nella terra di nessuno furono condotte con successo dal 2° capo Giuseppe Nicoletti, insieme al *Feldwebel* Fritz Hassler: ogni notte, i due graduati guidavano pattuglie italiane o tedesche, sempre guidate personalmente da loro. Per i comandi erano diventate le pattuglie guidate da *Fritz und Bepi*. Il 18 marzo, sul Canale Mussolini, si distinsero in combattimento il s.c. Luigi Savelli e il s.c. Luciano Reverdito. Savelli, dopo essersi battuto valorosamente, rimase gravemente ferito ad un braccio e dovette essere evacuato nelle retrovie. Reverdito invece con il suo mitragliatore riuscì a respingere un attacco americano, abbattendo numerosi nemici e costringendo gli altri a ripiegare. Tra il 19 ed il 21 marzo, la 2ª compagnia andò a sostituire la 3ª in prima linea, passando alle dipendenze del I./735. La 3ª fu trasferita a Sezze Romano per essere istruita anch'essa all'utilizzo delle nuove armi anticarro. Il 25 marzo, la Iª compagnia, dislocata lungo il Canale Mussolini, fu rilevata da un reparto delle SS italiane del battaglione *'Degli Oddi'*, per essere trasferita a Torre Monticchio per un periodo di riposo ed addestramento. Ma il giorno dopo, 28 marzo, la compagnia viene divisa, per essere impegnata a sorvegliare la costa tra Sabaudia e Terracina. Per i marinai iniziò un nuovo ciclo di addestramento impartito da istruttori tedeschi. Anche la IVª compagnia, dislocata a Fogliano, fu duramente impegnata a respingere le continue infiltrazioni nemiche, facilitate dalla presenza del bosco. Nella notte tra il 30 marzo ed il 1° aprile, i marò tentarono di attaccare un caposaldo nemico: l'azione non fu coronata però da successo a causa della forte resistenza nemica e la pattuglia mista italo-tedesca impegnata lamentò un caduto e due feriti.

Note
[1] In "*Come la Fenice*", pagina 7
[2] La distanza in realtà è di circa 8 chilometri.
[3] Da "Gli ultimi in grigioverde", pag. 1083, 1085.
[4] Da "Gli ultimi in grigioverde", pag. 1085.

Nettuno, il Barbarigo è in linea!

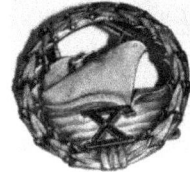

Cap. IV) Le posizioni tengono

Il 1° aprile 1944 arrivò per i marò del *Barbarigo* la prima copia del giornaletto del battaglione, intitolato con lo stesso nome dell'unità, un'unica pagina stampata in fretta e furia in una tipografia abbandonata di Littoria. In quella stessa giornata, giunse anche un rapporto del generale von Mackensen, comandante della *14.Armee*, sul comportamento del *Barbarigo* in prima linea: "*...Battaglione Barbarigo. Gli ufficiali e sottufficiali hanno morale elevato, scarsa esperienza di comando in combattimento, sono soddisfatti dell'impiego in linea e si offrono per attacchi e pattuglie di ricognizione. La truppa è giovane, con addestramento ridotto e senza esperienza di combattimento. Sotto il costante controllo di comandanti tedeschi finora si sono comportati bene nell'impiego in combattimento, negli avamposti e nelle pattuglie.*

Littoria, aprile 1944: alcuni marò impegnati nella stampa del giornale del *Barbarigo*.

Batteria *Flak* da 88mm sul fronte di Anzio-Nettuno, 1944.

Sotto il tiro d'artiglieria ed il bombardamento finora sono stati irreprensibili, però non hanno avuto nessuno grosso combattimento. In generale, si sforzano di rimediare alla scarsa esperienza, per eguagliare il rendimento del soldato tedesco. Non è sicuro se questo

Nettuno, il Barbarigo è in linea!

battaglione possa resistere una serie prova (fuoco di sbarramento o bombardamento pesante)". Naturalmente il rapporto non teneva conto delle difficoltà logistiche che il battaglione italiano aveva dovuto affrontare e superare. Il 6 aprile 1944, una pattuglia guidata dal sergente Giuseppe Trovatello, mentre era in perlustrazione nella terra di nessuno, davanti all'avamposto *Erna*, si scontrò con una pattuglia americana. Nello scontro a fuoco che ne seguì, rimase ucciso un soldato americano e furono catturati tre prigionieri, subito portati nelle retrovie, mentre da parte italiana non si registrarono perdite.

Il generale von Mackensen.

Soldati tedeschi e carro *Tigre* sul fronte di Anzio, 1944.

Il comandante Junio Valerio Borghese.

La visita del comandante Junio Valerio Borghese

Domenica 9 aprile 1944, giorno di Pasqua, il comandante Borghese giunse in visita al battaglione: dopo un rapido incontro con gli ufficiali, andò in prima linea, ispezionando le posizioni della 2ª e della 4ª compagnia. Giunsero anche dei pacchi dono, distribuiti, con grande sorpresa dei marò, dalle ragazze del non ancora ufficialmente costituito Servizio Ausiliario Femminile, le prime donne ammesse nelle forze armate italiane. Non mancò un discorso ufficiale per il battaglione, da parte del comandante: *"...Siete scesi in linea, accolti col più fraterno cameratismo dagli alleati germanici, felici anch'essi di non essere più soli nell'eroica impresa di far trionfare l'idea sulla materia, con addestramento superficiale. Chi proveniva dalla Marina, chi dalla vita civile, pochi avevano già provato l'addiaccio dell'acqua delle*

Nettuno, il Barbarigo è in linea!

buche ed il frastuono della granata che dirompe. Ma pochi giorni vi sono stati sufficienti per prendere la pratica, l'esperienza, l'abilità del veterano. E' lo spirito che vi anima, lo spirito bellissimo, battagliero, sprezzante e focoso dei volontari della X^a e del S.Marco che vi rende i primi soldati delle Forze Armate della nuova Italia. Marinai del Barbarigo! *Compagni vostri sono caduti da prodi al loro posto di combattimento. Altri si sono già distinti per il loro perfetto comportamento. Tutti siete dei bravi. Sono in addestramento altri battaglioni del San Marco che verranno di rincalzo sulle vostre linee e poi altri ed altri ancora, fin quando un inglese, un americano o un russo sarà sul suolo d'Italia....".*

Aprile 1944: il comandante Borghese, Umberto Bardelli ed un ufficiale tedesco.

Borghese discute con il T.V. Renato Carnevale (a destra).

Il comandante Borghese rimase due giorni con i suoi marò, per poi recarsi presso il comando del Feldmaresciallo Albert Kesselring sul Monte Soratte.

Di nuovo in linea

Il 10 aprile 1944, la 3ª compagnia ritornò in prima linea, prendendo posizione tra il bivio Strada Nascosta, Strada della Persicara ed il lago di Fogliano, andando a rilevare la 4ª compagnia, trasferita a sua volta a Sezze. La 3ª compagnia dovette presidiare anche gli avamposti *Dora*, *Erna* e *Frida* nella terra di nessuno. Particolare importanza ricopriva l'avamposto *Dora*, quello centrale, situato a

Nettuno, il Barbarigo è in linea!

circa tre chilometri al di là della principale linea di combattimento, in direzione del Canale Mussolini. L'avamposto era completamente circondato da campi minati e per raggiungerlo erano presenti due sentieri, uno per il collegamento con le linee principali ed uno per le pattuglie che portava verso le linee nemiche.

Un pezzo *Flak* da 88mm in posizione sul fronte di Anzio-Nettuno, ben mimetizzato.

Soldati della *First Special Service Force* ricevono le ultime istruzioni prima di una nuova azione.

Per la sua difesa, c'erano due squadre, una italiana ed una tedesca, in tutto 25-26 uomini, agli ordini di un maresciallo tedesco. La squadra del *Barbarigo* era agli ordini del sergente Elio Ferrini. Gli altri due avamposti erano dislocati sui fianchi, uno a sinistra di un impianto di idrovore e l'altro, il più settentrionale dei tre, in una grande azienda rurale nei pressi di Cerreto. Dall'altra parte, il nemico si stava preparando ad attaccare proprio nel settore tra Cerreto Alto e il mare. L'attacco, previsto per la notte tra il 14 ed il 15 aprile e che doveva essere condotto da pattuglie della *First Special Service Force* appoggiate dai carri, aveva tre obiettivi principali: l'Idrovora di Fogliano (per un attacco diversivo), un gruppo di case all'incrocio tra la strada litoranea e la via per Fogliano e la grande azienda agricola di Cerreto Alto. Per le forze dell'Asse quei tre luoghi erano gli

Nettuno, il Barbarigo è in linea!

Soldati della *First Special Service Force* durante l'attacco ad una casa colonica nei pressi di Cerreto Alto, 14 aprile 1944.

Una colonna di *Sherman* in sosta lungo una strada, in attesa di attaccare, aprile 1944.

Una postazione difensiva tedesca sul fronte di Anzio, 1944.

avamposti *Frida*, *Erna* e *Dora*. Verso la mezzanotte, un primo plotone nemico mosse verso l'Idrovora di Fogliano, per un'azione diversiva per coprire i due attacchi principali. Verso le 3:00, attaccarono altri due gruppi nemici. All'alba mossero anche i reparti corazzati, carri *Sherman* del 1° reggimento corazzato, carri *Stuart* e autoblindo dell'81° battaglione esploratori ed un plotone di semoventi del 701° cacciatori di carri. Questa massa corazzata superò il Canale Mussolini nei pressi di Borgo Sabotino, continuando a marciare per stabilire il collegamento con le pattuglie della *First Special Service Force*. Appena giunsero i carri, verso le 5:30, la IVª compagnia della FSSF mosse in avanti lungo la Strada Litoranea e dopo aver superato un campo minato, attaccò il caposaldo *'Erna'*. Gli *Sherman* in appoggio, aprirono subito il fuoco contro le posizioni italiane e tedesche, ben mimetizzate in un gruppo di case dirocccate. Mentre alcuni *Sherman* continuarono a tirare contro il caposaldo, tenendosi a distanza fuori dalla portata dei *Panzerfaust*, un altro gruppo di carri, avanzando in fila indiana, penetrò dentro l'avamposto. L'artiglieria italiana e tedesca evitarono di intervenire per non uccidere i loro stessi camerati. Verso le 9:00, la IVª compagnia della FSSF rientrò sulle sue posizioni, dopo aver ucciso sei difensori e catturato 42 prigionieri, senza subire perdite. La Vª compagnia della FSSF invece, dopo essere arrivata in località *'Le Vergini'*, imboccò la strada per Cerreto, per

Nettuno, il Barbarigo è in linea!

attaccare il caposaldo *'Dora'*. Dopo aver superato un campo minato, i reparti alleati giunsero ad un centinaio di metri dal caposaldo. Qui, attesero l'alba e l'arrivo dei carri per iniziare l'attacco. Verso le 7:00, giunsero due carri *Stuart* all'incrocio a circa due chilometri dall'abitato. I difensori italiani e tedeschi aprirono il fuoco contro il nemico.

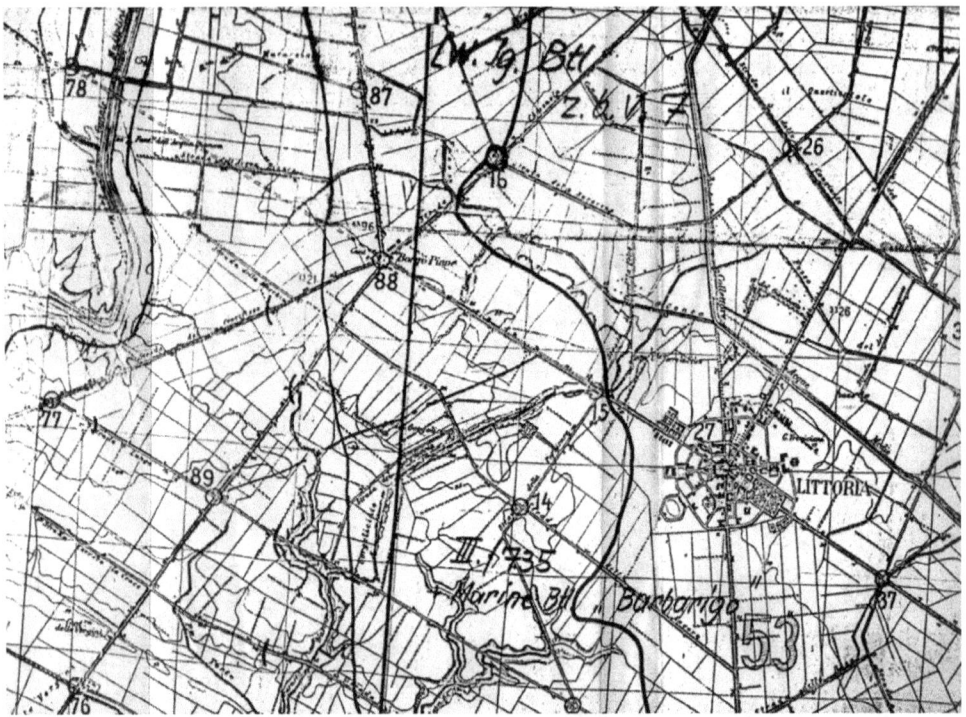

Una mappa militare tedesca con la dislocazione dei reparti del *Barbarigo*.

Un carro *Sherman* sul fronte di Anzio.

I carri nemici iniziarono a loro volta a colpire l'avamposto, mentre la fanteria iniziò ad avanzare verso di esso. Quando tutto sembrava perduto, l'artiglieria italiana e tedesca iniziò a colpire tutta la zona intorno al caposaldo, soprattutto i cannoncini da 65 della 5ª Compagnia cannoni del *Barbarigo*. Investiti da questa pioggia di fuoco, i carri nemici ripiegano, sotto la copertura di una cortina fumogena, lasciando sul campo due carri distrutti. La fanteria alleata ripiegò ugualmente portandosi dietro diciannove prigionieri. L'attacco diversivo contro l'Idrovora di Fogliano, si svolse principalmente con un fuoco di sbarramento da parte dei reparti alleati,

Nettuno, il Barbarigo è in linea!

15 aprile: due prigionieri tedeschi catturati durante l'attacco della *First Special Service Force* a Cerreto Alto.

Una batteria di semoventi *'Wespe'* sul fronte di Anzio.

Un semovente britannico *Priest* sul fronte di Anzio.

con mitragliatrici e mortai, che causò solo l'evacuazione di un piccolo avamposto italo-tedesco. Alla fine dell'attacco, i reparti alleati fecero 61 prigionieri, 17 dei quali italiani. Secondo le fonti alleate, i caduti italo-tedeschi furono 19. Dopo questo ennesimo attacco nemico, fu deciso di trasformare il sistema di capisaldi fissi nella terra di nessuno in capisaldi mobili collegati da pattuglie. In particolare, la 3ª compagnia del *Barbarigo*, mantenne quattro uomini sul caposaldo *Frida* ed una pattuglia di tre uomini lungo la sponda del Lago di Fogliano.

L'artiglieria della Decima blocca i carri nemici

Ascoltiamo la testimonianza del tenente Giulio Cencetti, su questi ultimi combattimenti[1]: "*...L'alba del 15 aprile '44. Fosforo e nebbiogeni battono il fronte della 'seconda'. Non sono più colpi della solita artiglieria questa volta. I secchi 'parti e arriva' dei semoventi, inconfondibili, battono le postazioni, radenti e rabbiosi. Il secondo plotone è investito e il fuoco si propaga a destra sulle buche del 'terzo' e del 'primo'. Monticelli, se attaccato contemporaneamente, che potrà fare? Non si tratta, lo si vede, di una puntata che potrà esaurirsi in breve. Arriva al comando di compagnia il sergente Mazio. Ha un biglietto del guardiamarina Falangola: 'Sono tanti e vengono sotto. Il caposaldo Erna caduto e superato. Si accaniscono sul caposaldo Dora. I Tedeschi* fanno zaino in spalla, tanto che al pezzo da 47 ho messo due dei nostri'....Viene investita la bicocca del comando di Compagnia....Le urla dei tommies si sentono tra la nebbia. Il tenente manda

Nettuno, il Barbarigo è in linea!

il marò Polacci al terzo plotone: 'Che il tenente Posio con le sue armi, fin dove arriva, infili senza sosta, nel settore del secondo'. 'Sta bene', *assicura Polacci rientrando, e sembrava che avesse trovato la strada tra una raffica e l'altra...*'Polacci!', 'Comandi!', 'Vola al primo, dì al tenente Monticelli che il Gorgolicino è un fosso abbastanza fondo, quando sono arrivati provi a riempirlo con loro', 'Signorsì'. *Ma con i carri che ci si fa con quel '47'?*

Aprile 1944: un pezzo di artiglieria del *San Giorgio* impegnato in combattimento.

Carri alleati distrutti davanti alle posizioni del *Barbarigo*.

Il sottocapo Malagnini cade fulminato. Anche il caposaldo 'Dora', cede sotto i colpi, travolto con tutti i suoi difensori. 'Polacci!', 'Sì, signorsì', *risponde la sua voce col fiato grosso.* 'Corri dal tenente Trettene della 5ª cannoni, porta questo'. 'Sono io della 5ª cannoni ed è il tenente Trettene che mi manda per mettersi a vostra disposizione', *dice un sottocapo giunto strisciando.* 'Bene, scrivi allora svelto: 'Tenente Trettene, caposaldi Erna et Dora caduti. Fanteria nemica appoggiata da carri avanza tentando travolgere postazioni II/2, minacciando infilata III/2. Ogni tuo tiro su Cerreto Alto est efficace. Pregoti seguire movimento carri at osservazione diretta et agire conseguentemente...'. *Minuti d'attesa. Secoli. I carri armati sono ormai a duecento metri*

Nettuno, il Barbarigo è in linea!

dalle postazioni. Il fuoco delle artiglierie tedesche e dei nostri '105' va lontano, è lungo. Quando si è sul terreno, con i calibri medi è sempre confusione, e addio differenza tra 'interdizione' e 'sbarramento'. Infine è una vecchia e cara voce che si 'ode': quella del 65/17, familiare al tenente Trettene della 5ª cannoni e al tenente comandante della seconda compagnia, che solca l'aria.

Fronte di Nettuno, 1944: un marò del *Barbarigo* attende con l'arma in pugno l'attacco nemico.

Soldati tedeschi sul fronte di Anzio, 1944.

Passano i colpi sulle teste dei marò e giungono su di un carro, vicino a un altro, sui cingoli di un terzo. Pardella sereno sollecita i serventi, ché più rapido è il fuoco, può essere più pronto il successo. Trettene vede i carri arrestarsi. Tra le granate uno sterza indietro. Anche l'altro gira. Dà le variazioni al tiro: accorcia, allunga, varia in direzione, allunga ancora. Trettene manda a dire, urla quasi, al comandante della Seconda, che ha ormai solo venti colpi in batteria. 'Giù tutti Memmo, che se ne vanno! Sotto ragazzi'. Ed Erna e Dora furono riconquistati".

Nuovi attacchi

Nei giorni successivi, gli scontri seguirono con maggiore intensità, interessando ancora il settore della 2ª compagnia, attaccato in forze dai reparti della *First Special Service Force*. Il nemico stava tentando con tutti i mezzi di

Nettuno, il Barbarigo è in linea!

sfondare il fronte. Il 19 aprile, furono attaccate le posizioni del II plotone, lungo la Strada Nascosta, sottoposte prima al pesante bombardamento dell'artiglieria nemica.

Fronte di Nettuno, aprile 1944: postazione difensiva della 2ª compagnia del *Barbarigo*.

Una postazione dell'artiglieria tedesca sul fronte di Anzio.

Il Capo De Angelis raggruppò intorno a sé i suoi uomini, ordinando loro di mettersi al riparo per sfuggire al fuoco nemico. Ma fu tutto inutile, poiché l'uragano di fuoco scatenato dal nemico causò numerose vittime: caddero i marò Brembati, Draghi, Carrozzo, Scudellari ed il portaordini Alfeo Polacci. Tutti gli altri restarono feriti e tra questi lo stesso De Angelis, che si ritrovò con la gamba sfracellata.

Nettuno, il Barbarigo è in linea!

Alla fine dell'attacco si contarono le perdite, 8 morti e 6 feriti. Per evitare nuove incursioni nemiche, fu ordinato un rafforzamento di tutte le postazioni difensive italiane. Il 22 aprile, la 4ª compagnia fu trasferita lungo la strada del Malconsiglio, a ridosso delle retrovie del fronte: qui proseguì il suo addestramento e nello stesso tempo, i suoi uomini furono impegnati in lavori di fortificazione nella zona di Coppola e nel bosco antistante.

Aprile 1944: marinai del *Barbarigo* in trincea, in attesa degli attacchi nemici.

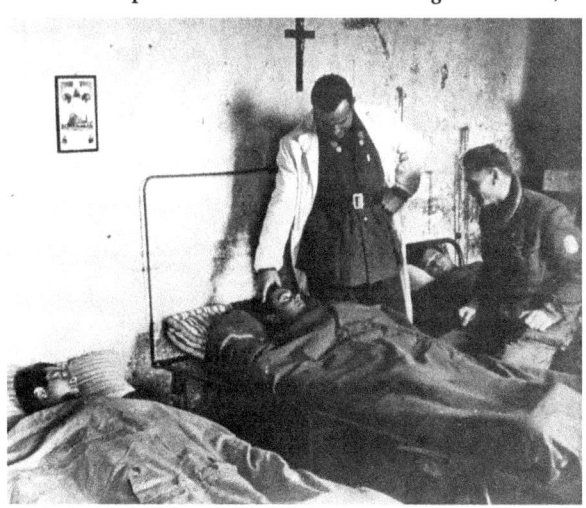

Un'infermeria da campo del *Barbarigo* sul fronte di Nettuno. In piedi, il tenente medico Almo Maggiani.

Il 24 aprile, durante una nuova incursione di una pattuglia dei reparti speciali nemici nel settore di Cerreto Alto, furono catturati due marò, malgrado il massiccio fuoco di sbarramento scatenato dalle mitragliatrici italiane. Il giorno dopo, il fuoco dell'artiglieria nemica continuò a fare vittime in seno alla 2ª compagnia: un tiro centra il posto di comando, uccidendo sette marò e ferendone altri sei. Quando poi, altri marò si avvicinarono all'edificio per portare soccorso ai loro camerati, l'artiglieria nemica continuò a tirare, facendo registrare altre perdite. Un vero e proprio massacro, dovuto principalmente alla scarsa esperienza dei marò a stare in prima linea. Nella notte tra il 26

Nettuno, il Barbarigo è in linea!

ed il 27 aprile, riprese l'attività delle pattuglie miste, formate da marò della 4ª compagnia e da granatieri tedeschi, impegnate in azioni nella terra di nessuno.

Un gruppo di sorridenti marò del *Barbarigo* si avvia verso la zona di combattimento.

Umberto Bardelli.

Il 1° maggio, furono impegnati invece i marò della 2ª compagnia nell'attività di pattuglie, con la missione di distruggere alcune case usate dal nemico come capisaldi. Il 27 aprile, il c.c. Umberto Bardelli, lasciò il comando del *Barbarigo* per assumere quello del 1° reggimento Fanteria di Marina nella nuova Divisione Decima in formazione[2]. Al suo posto subentrò il c.c. Giuseppe Vallauri. Alla fine di aprile, un nuovo attacco nemico si verificò sul tratto di fronte difeso dalla 4ª compagnia, in quel momento schierata lungo il fosso del Gorgolicinio. I soldati nemici finirono negli sbarramenti di filo spinato, dove erano appesi dei barattoli vuoti, facendo scattare l'allarme. Dalle buche italiane partì subito il fuoco di sbarramento che costrinse gli americani a ripiegare.

Note

[1] Da "Gli ultimi in grigioverde", pag. 1091, 1092.

[2] In quel periodo, grazie all'afflusso di nuovi volontari, fu avviata la formazione della Divisione Fanteria di Marina Decima. La sua struttura prevedeva due reggimenti di fanteria, uno di artiglieria ed un battaglione pionieri. I battaglioni *Barbarigo*, *NP* e *Lupo*, formavano il 1° reggimento. I battaglioni Guastatori Alpini *Valanga*, *Sagittario* e *Fulmine*, formavano il 2° reggimento.

Nettuno, il Barbarigo è in linea!

Cap. V) L'offensiva alleata

Il 1° maggio 1944, i reparti della *First Special Force*, attaccarono il settore meridionale difeso dal *Barbarigo*, una zona coltivata chiamata dagli Alleati *'plantation area'*. Un battaglione del 2° reggimento della *First Special Force* mosse verso Borgo Sabotino, appoggiato da una compagnia di carri leggeri, un plotone di semoventi caccia carri, i cannoni d'assalto dell'81° Battaglione esplorante ed una sezione di autoblindo. Appena iniziò l'attacco, l'avamposto di Cerreto Alto fu evacuato e i suoi difensori ripiegarono sulla linea principale per evitare di finire circondati. Non potendo evitare i campi minati, numerosi soldati alleati finirono vittime degli ordigni esplosivi. Anche lungo la spiaggia, i carri americani finirono sulle mine: almeno due carri leggeri furono distrutti.

Marò del *Barbarigo* impegnati sul fronte di Anzio, maggio 1944.

Subito dopo entrò in azione l'artiglieria italo-tedesca, che prese a colpire le forze attaccanti, costringendole a ripiegare sotto la protezione di una cortina fumogena. Respinto questo ennesimo attacco, seguirono alcuni giorni di calma. Il comando del battaglione ne approfittò per effettuare alcuni avvicendamenti in prima linea: il 4 maggio, la 4ª compagnia andò a sostituire la 2ª, prendendo posizione tra il bivio Strada Nascosta-Strada della Persicara ed il colatore di Gorgolicinio. Nel corso di quella stessa notte una

Nettuno, il Barbarigo è in linea!

pattuglia della 4ª compagnia uscì in avanscoperta, con la missione di infiltrarsi tra le linee americane ed effettuare una ricognizione nelle retrovie. Tra i marò impegnati, anche Gavino Casella, di diciotto anni, originario di Roma. Casella fu scoperto dalle sentinelle nemiche e finì sotto il fuoco nemico: riuscì comunque a portare a termine la sua missione e a rientrare incolume portando le informazioni richieste.

Un carro *Sherman* distrutto sul fronte di Anzio nei pressi di un ponte, maggio 1944.

Marò del *Barbarigo* impegnati in combattimento, 1944.

Il 5 maggio, l'*Oberst* von Schellerer, comandante di un gruppo da combattimento della *715.Infanterie-Division*, consegnò la Croce di Ferro di Seconda Classe al g.m. Mario Riondino. In quella stessa giornata, la 2ª compagnia, fu trasferita sulla strada del Malconsiglio, nei pressi del lago di Fogliano, dove riprese l'addestramento. L'8 maggio, in seguito ad un ordine del comando tedesco, la 2ª compagnia fu trasferita a Cisterna, per essere impegnata in lavori di fortificazione e accampata in un uliveto, distante cinque chilometri dalla zona di impiego. Inizialmente il

Nettuno, il Barbarigo è in linea!

trasferimento dei marò nella zona operativa avvenne su camion tedeschi, poi nei giorni seguenti, avvenne a piedi e sempre sotto il fuoco incessante dell'artiglieria nemica. I marò furono impegnati nella costruzione di opere difensive e nella posa di campi minati.

Pattuglia tedesca della *Luftwaffe* in avanscoperta, vicino ad un pezzo *Flak* da 20mm.

Fronte di Nettuno. Il cappellano del *Barbarigo* accompagna al cimitero la salma di un marò caduto in battaglia.

Nuovi scontri

Al 7 maggio, le perdite del *Barbarigo* erano state di 29 caduti, 71 feriti e 19 dispersi. Da segnalare anche 27 casi di diserzione. Durante la notte dell'11 maggio, una pattuglia italiana comprendente marò della 3ª compagnia, fu impegnata in una profonda incursione tra le linee nemiche, riportando con successo informazioni sulla dislocazione dei capisaldi e sui movimenti dei reparti americani. Il giorno dopo, la 1ª compagnia, ancora dislocata lungo la costa, subì un massiccio bombardamento navale da parte di un incrociatore e due cacciatorpediniere del nemico. Fortunatamente non si registrarono perdite. Il 9 maggio, la 1ª compagnia abbandonò il settore di Terracina per

Nettuno, il Barbarigo è in linea!

alternarsi con i reparti della 3ª compagnia in prima linea. I marò della 3ª compagnia giunsero a Terracina su veicoli tedeschi: qui, furono posti al comando operativo di un ufficiale della *15.Panzergrenadier-Division*, il *Leutnant* Pabst. I marò presero posizione in una serie di bunker, al riparo dai continui bombardamenti navali.

Maggio 1944: uno degli ultimi bombardamenti delle artiglierie alleate sulla città di Littoria.

A sinistra, le direttrici dell'offensiva alleata durante l'operazione *Diadem*, tra l'11 ed il 18 maggio 1944. A destra, un ufficiale del *Barbarigo* di vedetta per avvistare il nemico, maggio 1944.

L'11 maggio 1944, gli Alleati lanciarono l'operazione *Diadem*, con l'obiettivo di rompere le difese tedesche sulla Linea *Gustav* e di aprire la valle del Liri, la strada principale per Roma. Questo costrinse i Tedeschi a ripiegare sulla linea *Hitler*. Il 15 maggio, il Maresciallo Rodolfo Graziani, ispezionò la 3ª compagnia e nell'occasione tenne anche un piccolo discorso ai marò, dal quale estraiamo questa frase significativa: "...*Dal punto di vista dell'onore e della dignità del nostro Paese, solamente la vostra Compagnia vale un intero Corpo d'Armata*". Nel frattempo, i combattimenti proseguirono per la 1ª e la 4ª compagnia,

Nettuno, il Barbarigo è in linea!

soprattutto scontri di pattuglie nella terra di nessuno. Anche il fuoco dell'artiglieria nemica continuò a mietere vittime. Il 23 maggio 1944, un comunicato ufficiale tedesco riferì che alcuni giorni prima, il Feldmaresciallo Kesselring, comandante supremo delle Forze armate germaniche in Italia, aveva inviato un telegramma al comandante della X^a Flottiglia Mas, per elogiare il magnifico comportamento del *Barbarigo*, definendo i volontari '*...come i migliori soldati del fronte di Nettuno per disciplina ed ardimento*'.

Marò del *Barbarigo* su una posizione difensiva con una *MG*, maggio 1944 (*Marco Romagnoli*).

Maggio 1944, fanti della *3rd U.S. Inf.Div.* nel settore di Cisterna.

Ordine di ripiegamento

Il 23 maggio, le forze alleate attaccarono anche la linea *Hitler* e in quella stessa giornata, il VI° Corpo statunitense attaccò le truppe tedesche a Anzio, lanciando l'operazione *Buffalo*: questa prevedeva la conquista di Cisterna, lo sfondamento della linea tedesca e l'avanzata fra i Colli Albani e i Colli Lepini. In quel momento, le forze del *Barbarigo* erano disperse lungo l'intero fianco meridionale della testa di ponte, alle dipendenze di diversi comandi tattici e senza alcun collegamento tra di loro. L'attacco

Nettuno, il Barbarigo è in linea!

portato dalla 1ª divisione corazzata americana e dalla *First Special Force*, puntava alla conquista di Valmontone, per tagliare la ritirata alle truppe italo-tedesche in ripiegamento dalla linea *Gustav* e dal fianco orientale della testa di ponte. Particolarmente esposte le posizioni della 3ª compagnia a Terracina, isolate dal resto del battaglione.

A sinistra, una squadra mortai tedesca sul fronte di Anzio, maggio 1944. A destra, un soldato tedesco ispeziona un caccia carri *M-10* americano distrutto nel corso dei combattimenti.

Soldati tedeschi catturati nel settore di Cisterna, 1944.

Uno *Sherman* nel settore di Cisterna, maggio 1944.

Le forze alleate, dopo aver superato la linea *Gustav*, attaccarono la città da sud. Il 23 maggio, la compagnia ricevette dal *Leutnant* Pabst, l'ordine di ripiegare. Il movimento si svolse sotto i continui bombardamenti dell'aviazione alleata. Il tenente Enzo Leoncini divise i suoi uomini in squadre da dieci uomini, facendole muovere a distanza tra loro, per limitare al massimo le perdite. Ordinando i movimenti con il suo fischietto, Leoncini fu l'ultimo a muoversi. La marcia durò circa sette ore, fino al tramonto. Quando i marò giunsero finalmente nei pressi di una centrale elettrica, scoprirono di non aver subito perdite, un vero miracolo. Il giorno dopo, la compagnia al completo giunse a Sermoneta, dopo aver percorso a piedi, dodici chilometri. Una ventina di marò furono subito

Nettuno, il Barbarigo è in linea!

schierati sugli avamposti, sul tratto di fronte tenuto dalla 4ª compagnia, abbandonato due ore prima dai Tedeschi. Il resto della compagnia, diviso in gruppi, fu schierato a Tor Monticchio e a Tor Tre Ponti, alle dipendenze del *Kampfgruppe von Schellerer*.

Alcuni *Sd.Kfz 250* tedeschi nel settore di Aprilia (sullo sfondo) sulla testa di ponte, 1944.

Telefonista tedesco sul fronte di Anzio, 1944.

Ascoltiamo la testimonianza del tenente Giulio Cencetti[1]: "*...Separata dal battaglione, a Terracina, la 3ª compagnia vede i Tedeschi ritirarsi. Ultima la radio da campo. Ormai il tenente Leoncini è solo con i suoi uomini. Dalla parte dei monti, unico lato dal quale fin allora non era stato necessario guardarsi, si sentono ora, sempre più ravvicinati, gli scoppi e l'infuriare dei combattimenti. La V armata alleata, sfondato il fronte a Cassino, cerca di sfruttare il successo ed avanza. Ma Leoncini non ha ordini. Sa solo che deve rimanere. Il comando del 'Barbarigo' è stato sempre vicino ai suoi reparti, ma questa volta sono due giorni che non dà notizie. Ormai il 'fronte a mare' è inutile sorvegliarlo poiché è da terra che giunge l'offensiva, e da Terracina a Sermoneta, sono tanti i chilometri!*

Nettuno, il Barbarigo è in linea!

Il tenente Giulio Cencetti.

Le dighe fatte saltare fanno affiorare l'acqua sulla strada statale che resta quindi l'unica via d'accesso per riunirsi al battaglione, ed è battutissima dall'offesa aerea e dai tiri dell'artiglieria nemica. I ragazzi guardano il tenente che, con la sua distinta freddezza di signore bresciano, riesce ancora a sorridere a tutti: egli crede nel dovere da compiere, ha fiducia nel Comando e quelle grandi fosse anticarro scavate dai Tedeschi sulla grande strada, dal piede del monte al mare, pensa possano dargli la sicurezza di non essere investito immediatamente. Ma, la sera del terzo giorno, arrivano sulla compagnia i primi colpi e Leoncini vede riempire dal nemico le fosse anticarro, una ad una...Decide di muovere verso Sermoneta. E' una marcia forzata, estenuante per chilometri di strada inesorabilmente battuta. A notte fonda, a metà cammino, una moto viene loro incontro: è il capitano Marchesi che, solo in quell'inferno, si è avventurato verso la compagnia per portare notizie, perché non voleva fosse tagliata fuori: era la voce del comando che mai avrebbe trascurato un solo marò".

Marò e ausiliarie del *Barbarigo*, 1944.

Il battaglione *Barbarigo* non aveva ricevuto disposizioni precise su come affrontare la nuova offensiva nemica e soprattutto come effettuare una eventuale manovra di ripiegamento in caso di penetrazione delle forze alleate. Solo nella tarda mattinata del 24 maggio, il t.v. Vallauri, dopo essersi recato al comando del *Kampfgruppe von Schellerer*, venne informato che il ripiegamento di tutte le forze italo-tedesche doveva iniziare alle 21:00 di quella stessa sera. Nel pomeriggio, l'orario della manovra fu anticipato alle 18:00, ma non si riuscì a trasmettere il nuovo ordine a tutti i reparti, che ripiegarono così in modo autonomo e senza più collegamenti con il comando. Il tenente Vallauri, con il *Tross*[2], gli elementi della compagnia comando e l'infermeria, ricevette l'ordine di ripiegare alle 14:30 del 24 maggio, seguendo le colonne tedesche e giungendo a Sezze

Nettuno, il Barbarigo è in linea!

Romano nel corso della stessa giornata. Qui, il gruppo da combattimento di Vallauri ricevette dal comando del battaglione l'ordine di ripiegare verso Roma.

Carri americani avanzano su una strada a sud di Roma. In primo piano, una autoblindo leggera *Sd.Kfz 222* del *Panzer-Aufklärungs-Abteilung 129* della *29.Panzergrenadier-Division* (IWM).

Un *PzKpfw.IV* con granatieri a bordo, maggio 1944.

La sorte della 1ª compagnia

Sempre nella giornata del 24 maggio, la 1ª compagnia aveva ricevuto dal comandante del *Barbarigo* l'ordine di distaccare due plotoni, il I ed il II, agli ordini del t.v. Mario Betti, alla 5ª compagnia del 676° reggimento granatieri tedesco ed un altro plotone alla 6ª compagnia del 735° reggimento granatieri tedesco, in ripiegamento su nuove posizioni tra Sermoneta e Sezze e tra Sezze e Privello. Il gruppo guidato da Betti, iniziò a ripiegare con i granatieri tedeschi verso le 17:30: lungo il percorso, alcuni veicoli giunsero a recuperare i soldati tedeschi, lasciando gli Italiani a proseguire a piedi. Quando il gruppo di Betti giunse a Sermoneta, i Tedeschi avevano già abbandonato la posizione. Rimasto senza ordini, il tenente Betti decise allora di proseguire verso Sezze Romano, dove giunse all'alba del giorno dopo. Qui, incontrò solo un reparto pionieri tedesco, impegnato a distruggere i ponti.

Nettuno, il Barbarigo è in linea!

Pionieri tedeschi con cariche esplosive.

Il guardiamarina Alessandro Tognoloni.

Uno *Sherman* distrutto, maggio 1944.

Dal comandante del reparto germanico fu informato che il comando del *Kampfgruppe von Schellerer* probabilmente si era spostato a Cori. La marcia proseguì in direzione di quest'ultima località. Nel pomeriggio del 25 maggio, il gruppo di Betti, rinforzato nel frattempo da una cinquantina di soldati tedeschi sbandati, giunse a Cori: del comando tedesco però ancora nessuna traccia. Ma proprio in quel momento, arrivarono le avanguardie americane ed iniziò lo scontro a fuoco con i marò. Allontanata la minaccia nemica, Betti decise di proseguire in direzione di Segni, dove giunse alle 13:30 del 26 maggio: qui, dopo aver recuperato due camion civili, vi fa salire ciò che resta dei suoi uomini e con loro si dirige verso Roma. Il resto della compagnia continuò a combattere, per poi rientrare a Roma e a riunirsi al battaglione.

La sorte della 2ª compagnia

Il 23 maggio, la 2ª compagnia, fu trasferita con un'autocolonna nella zona di Sermoneta. Qui, il tenente Paolo Posio, comandante della compagnia, ordinò al G.M. Alessandro Tognoloni, di portarsi con un gruppo di quaranta uomini, formato dal III plotone rinforzato, nei pressi della via Appia a Cisterna, per stabilire un caposaldo e bloccare l'avanzata degli Americani. I marò erano equipaggiati solo con armi leggere, mitra, fucili, mitragliatrici e qualche *Panzerfaust*. A bordo di un'altra autocolonna, il gruppo da combattimento raggiunse la posizione assegnata. Tognoloni dispose i suoi uomini a circa un chilometro ad ovest della strada statale, intasata dalle truppe in ritirata. Non appena furono avvistati i primi reparti della 3ª divisione americana, appoggiati dai carri, iniziò la battaglia. Ascoltiamo la testimonianza dello stesso Tognoloni[3]: *"...Presi contatto con il mio plotone con altre esigue forze presenti sul posto e dopo breve sosta ogni squadra si allargò a linea difensiva. Certo, la guerra era tutt'intorno a noi, ma la 'musica' come la chiama Posio intendeva fermare quelli sull'Appia, e si*

Nettuno, il Barbarigo è in linea!

abbreviò poi su di noi non appena fummo individuati. Fu un attimo: s'aprì il grano di maggio e quattro o cinque Sherman *si interessarono al bersaglio più vicino. Alle 7:30 AM tutto il fuoco dei carri armati ci centrò e molti marò ed io fummo colpiti. Comunque la nostra reazione lasciò intendere al nemico una ben più consistente presenza da superare: tanto che i tank si fermarono.*

A sinistra, 25 maggio 1945: prigionieri italiani e tedeschi scortati verso le retrovie, dopo i combattimenti nel settore di Cisterna (NARA). A destra, un carro *Sherman* distrutto.

Soldati americani con un prigioniero tedesco, maggio 1944.

Trovammo rifugio dietro un casale nella cui aia erano predisposte delle trincee coperte sulle quali per tutto il giorno un furioso martellare di mortai si abbatté, come pure durante la notte. Io intanto ferito ed esangue ricevevo notizie delle altre squadre attive ed eroiche fino al loro annullamento. A mezzanotte ordinai ai pochi superstiti di ritirarsi; io e pochi altri, impediti da ferite, rimanemmo soldati senza forza, ritenuti dal nemico, un agguerrito avamposto. Ancora fuoco su di noi per il resto della giornata seguente (24 maggio) finché alle 17 PM fummo catturati. E su passi indicati da bianche garze per evitare i campi minati, io trasportato in barella da prigionieri tedeschi, fui avviato sul retro fronte e successivamente all'ospedale di Anzio. Posso concludere che la prudenza del nemico e la nostra presenza che la determinarono impedì il raggiungimento dell'Appia per 36 ore. Le nostre perdite furono gravi. Gran parte di quei caduti sono ancora avamposto a Roma nel cimitero del Verano".

Nettuno, il Barbarigo è in linea!

La Medaglia d'Oro al Valor Militare della RSI.

Uno *Sherman* in fiamme sul fronte di Anzio.

Tognoloni, all'avvicinarsi dei carri nemici alla sua postazione, pur ferito, riuscì a sollevarsi e a lanciarsi in avanti, con la pistola in una mano ed una bomba nell'altra. Finì falciato dal fuoco di una mitragliatrice pesante di uno *Sherman*. Fu dato per morto dai marò che fecero ritorno al reparto[4]. Gli fu concessa la Medaglia d'Oro al Valore Militare alla memoria (della Repubblica Sociale Italiana) con la seguente motivazione:

"Ufficiale Comandante di Plotone Fucilieri inviato in rinforzo a reparto duramente provato, riusciva con i propri uomini a contenere per molte ore la strapiante pressione avversaria. Invitato dai superiori a ritirare il Plotone ormai duramente provato, insisteva nel condurlo ancora una volta al contrattacco. Ferito, a chi tentava di porgergli di aiuto, ordinava di non pensare a lui. Trascinatosi nelle linee italiane e vista la situazione ormai insostenibile, dopo avere con grande freddezza dato ai pochi superstiti le disposizioni per il ripiegamento ed essersi assicurato che il movimento si effettuava con il salvataggio di tutte le armi, si scagliava contro il nemico irrompente con la pistola in pugno e lanciando le ultime bombe a mano, fin quando veniva travolto dalle forze corazzate nemiche avanzanti. Meraviglioso esempio di cosciente, eroico sacrificio per l'onore e la grandezza della Patria. [Fronte di Cisterna, 23 maggio 1944]".

Si distinse in questi scontri, anche il sergente Edoardo Calcinotti, 31 anni originario di La Spezia. Con la sua squadra fu impegnato a difendere la sua posizione dagli attacchi corazzati nemici, fino a quando rimase con soli tre uomini. Tre carri si avvicinarono, Calcinotti riuscì a bloccarne uno con una mina magnetica, ma mentre tentava

Nettuno, il Barbarigo è in linea!

di attaccare gli altri carri, rimase ucciso dal fuoco nemico. Calcinotti fu decorato a titolo postumo con la Medaglia d'Argento al Valore Militare.

Fanti americani in marcia e sulla destra uno *Sherman* distrutto, maggio 1944 (NARA).

Una mitragliatrice *Browning* ed un caccia carri M 10 impegnati sul fronte laziale, fine maggio 1944 (NARA).

La compagnia continuò ad essere impegnata nei combattimenti difensivi per tentare di rallentare l'avanzata degli Alleati ai piedi dei Monti Lepini e coprire il ripiegamento delle forze tedesche dal fronte di Cassino. In due giorni di feroci combattimenti, gli Americani persero più di cento carri solo per riuscire a penetrare la linea difensiva nel settore di Cisterna. I due ultimi plotoni della compagnia alla fine ricevettero l'ordine di ripiegare su Cori, insieme ad elementi della 3ª compagnia e stabilire il collegamento con la compagnia di riserva del 735° reggimento granatieri tedesco. Nel pomeriggio del 24 maggio i marò iniziarono a piedi la loro marcia verso Roma. Nella notte tra il 24 ed il 25 maggio, nei pressi della stazione di Torretta Corana, un violento bombardamento dell'aviazione alleata fece numerose vittime, trentadue tra caduti e feriti e gravi. I superstiti proseguirono in direzione di Sermoneta e Cori. Senza più ordini di marcia, il g.m. Posio, decise di proseguire verso Giulianello. Verso le 12:00, i marò incapparono in una colonna motorizzata della 1ª compagnia delle SS italiane reduce anch'essa dai combattimenti sul fronte laziale, salendo sui suoi autocarri.

Nettuno, il Barbarigo è in linea!

Foto aerea di Anzio e Nettuno, sullo sfondo i Monti Lepini (*U.S. Army*).

Soldati tedeschi catturati dagli americani, maggio 1944.

Poco dopo, la stessa colonna motorizzata italiana fu attaccata dall'aviazione alleata, finendo completamente annientata. I pochi superstiti, sempre guidati da Posio, giunsero il 27 maggio ad Artena e da lì proseguirono per Roma.

La sorte della 3ª compagnia

Come già visto in precedenza, al 24 maggio, la compagnia si ritrovò divisa in tre gruppi, due dislocati sugli avamposti davanti alla 4ª compagnia e nella zona di Littoria ed uno aggregato alla 2ª compagnia. Il gruppo presente a Littoria, comprendente una cinquantina di marò, alle 15:00 di quella stessa giornata, ricevette l'ordine di attestarsi ad ovest di Norma, su una linea difensiva lunga circa tre chilometri e stabilire il collegamento con il I battaglione del 735° reggimento granatieri tedesco. All'alba del 25 maggio, il g.m. Leoncini

Nettuno, il Barbarigo è in linea!

con i suoi marò, si attestò sulle nuove posizioni e stabilì il collegamento con i reparti tedeschi. Alle 14:00, le due compagnie tedesche attestate sui fianchi si ritirarono. Subito dopo, le prime avanguardie americane attaccarono le posizioni dei marò. Si distinse in questi combattimenti, il sergente Natale Milella, al comando di una squadra mitraglieri.

Uno *StuG.III* tedesco supera uno *Sherman* distrutto, maggio 1944.

Un *Fallschirmjäger*.

Soldati americani sotto il fuoco nemico, maggio 1944.

Maggio 1944: reparti di fanteria americani entrano a Littoria.

Dopo aver esaurito tutte le munizioni, il sergente Milella ordinò ai suoi uomini di ripiegare, restando da solo a coprire la manovra. Riuscì a resistere per molto tempo e solo quando la sua posizione fu superata dalle forze nemiche, si sganciò riuscendo a riunirsi al resto della compagnia. Il gruppo di Leoncini, dopo aver resistito per ore agli attacchi, ripiegò combattendo sul monte su cui sorge Norma, unendosi ad altri reparti tedeschi. Da qui, i marò giunsero prima ad Artena, poi a Valmontone e infine si diressero a Roma.

La sorte della 4ª compagnia

Raggiunta con ritardo dall'ordine di ripiegamento, il grosso della 4ª compagnia ricevette nella serata del 24 maggio l'ordine di ripiegare verso Norma e di aggregarsi al II battaglione del 735° reggimento granatieri tedesco (*715.Inf.Div.*). Per coprire la manovra, venne formato un piccolo *Kampfgruppe*, comprendente 2 sottufficiali e 20 marò, posto agli

Nettuno, il Barbarigo è in linea!

ordini di un sottufficiale tedesco. Durante i successivi combattimenti contro le forze alleate, questa forza di retroguardia finì completamente annientata. Tra il 25 ed il 26 maggio, il resto della compagnia, rinforzata da un plotone della 1ª compagnia, continuò a battersi con successo al fianco dei granatieri tedeschi.

Soldati tedeschi impegnati sul fronte laziale, maggio 1944.

Un mortaio americano al riparo di una trincea.

Il 27 maggio, su ordine del *Major* Winter, comandante del *I./735*, la compagnia ripiegò su Montelanico, dove i marò furono integrati in un gruppo da combattimento agli ordini dell'*Oberst* Hepp, comprendente circa 80 sbandati tedeschi e 60 marò della compagnia. Il 28 maggio, su ordine del comando tedesco, l'*Oberst* Hepp si fece consegnare le armi dai marò, che tentarono di opporsi a quell'assurdo ordine. Quindi, proseguirono la ritirata, da soli e disarmati, verso la capitale.

Nettuno, il Barbarigo è in linea!

La sorte degli artiglieri

Soldati tedeschi catturati dagli americani.

I superstiti della V^a compagnia cannoni, nella serata del 24 maggio, ricevettero l'ordine di ripiegare su Tor Tre Ponti e stabilire il collegamento con gli artiglieri tedeschi. La compagnia proseguì poi su Cori, dove incontrò il t.v. Carnevale, comandante del Gruppo *San Giorgio*, che ordinò ai marò di ripiegare su Giulianello. Perso anche l'ultimo pezzo superstite durante un bombardamento alleato, i resti della compagnia rientrarono a Roma. Le batterie del Gruppo *San Giorgio*, da parte loro, continuarono a sparare per tutto il 24 maggio per coprire il ripiegamento degli altri reparti. Non essendoci mezzi per poter trainare i pezzi, quando giunse l'ordine di ripiegamento, tutti i cannoni furono distrutti. A piedi, gli artiglieri proseguirono in direzione di Giulianello e poi di San Cesareo, dove giunse dal comando del battaglione l'ordine di rientro a Roma.

Bilancio delle perdite

La maggior parte dei reduci del *Barbarigo*, giunse a *Maridist* (quartier generale della Marina) a Roma, tra il 30 maggio ed il 2 giugno. Qui, furono distribuite nuove uniformi e calzature. Gli uomini furono riuniti in tre compagnie di formazione. Secondo un rapporto del 30 maggio 1944, le perdite del battaglione, fatta eccezione per la 4ª compagnia ancora impegnata in combattimento, erano state di 9 ufficiali, 19 sottufficiali e 234 marinai. Dopo il rientro dei dispersi, le perdite furono riportate effettivamente a 2 ufficiali, 11 sottufficiali e 110 marò. Al 30 maggio 1944, l'organico delle compagnie era il seguente:

Compagnia comando	5 ufficiali, 11 sottufficiali, 46 marinai
1ª compagnia	3 ufficiali, 6 sottufficiali, 62 marinai
2ª compagnia	3 ufficiali, 9 sottufficiali, 65 marinai
3ª compagnia	4 ufficiali, 5 sottufficiali, 64 marinai
4ª compagnia	ancora impegnata in combattimento
5ª compagnia cannoni	2 ufficiali, 1 sottufficiali, 21 marinai
Comando Gruppo Artiglieria San Giorgio	3 ufficiali, 9 sottufficiali, 23 marinai
1ª batteria	3 ufficiali, 7 sottufficiali, 50 marinai
2ª batteria	4 ufficiali, 7 sottufficiali, 49 marinai

Note

[1] Da "*Gli ultimi in grigioverde*", pag. 1095.
[2] Il treno logistico dell'unità.
[3] Da "*Duri a morire - storia del Battaglione Barbarigo*", pagina 61.
[4] Recuperato dal personale medico americano, dopo intense cure mediche, terminò la guerra in un campo di prigionia in Texas. Liberato al termine della guerra, rientrò in Italia dove riprese gli studi laureandosi in Architettura. A lui si deve il progetto del Campo della Memoria riservato ai caduti della Repubblica Sociale Italiana sito a Nettuno. Tognoloni si spense nel luglio 2007.

Nettuno, il Barbarigo è in linea!

Cap. VI) L'ultima battaglia per Roma

Il 1° giugno 1944, il *Barbarigo* passò alle dipendenze del *I. Fallschirmkorps* (*General der Flieger* Alfred Schlemm). Nella notte tra il 1 ed il 2 giugno, il capitano Bardelli (tornato da La Spezia per stare vicino ai suoi ragazzi) ed il tenente Vallauri, si recarono al comando della *4.Fallschirmjäger-Division* nella zona di Albano, per chiedere un ritorno in prima linea del *Barbarigo*. Naturalmente il battaglione andava riequipaggiato e a tal scopo, il capitano Bardelli si recò presso i vari comandi militari presenti a Roma, riuscendo a recuperare 200 fucili dal Comando delle SS, 30 fucili mitragliatori, 3 mitragliere da 8 mm presso la Polizia Tedesca, una sessantina di moschetti con baionetta[1]. Nella giornata del 2 giugno, Bardelli e Vallauri si recarono al comando della *14.Armee* per fare un rapporto sulla situazione del *Barbarigo*: il battaglione era completamente privo di mezzi e non era in grado di poter tornare in combattimento. Il comando tedesco promise rifornimenti e mezzi.

Roma, marzo 1944. Il generale Kurt Mälzer ispeziona i reparti del *Barbarigo*, schierati in viale Carso, presso piazza Bainsizza, rione Prati, in occasione del loro dispiegamento sul fronte della testa di ponte alleata ad Anzio - Nettuno a sud di Roma (*Bundesarchiv Bild 101I-311-0926-08*).

Il 3 giugno, il generale Kurt Mälzer, comandante della piazza di Roma, chiese invece che una compagnia del battaglione fosse schierata al più presto tra l'Appia e la Tuscolana, su una posizione difensiva di seconda schiera dove erano impegnati anche reparti paracadutisti tedeschi. Poiché in quel momento non c'era nessuna compagnia a pieno organico, a causa delle perdite subite, si decise di scegliere dei volontari per una compagnia di formazione: quando l'ordine giunse ai marò raggruppati nella caserma '*Grazioli Lante*', alla richiesta di chi volesse far parte della compagnia, tutti i presenti fecero

Nettuno, il Barbarigo è in linea!

Reparti del *Barbarigo* schierati per un'ispezione, 1944.

Mezzi corazzati americani a Roma, sfilano accanto al Colosseo il 5 giugno 1944 (*U.S. Army*).

un passo avanti, offrendosi per l'ultima battaglia. Alla fine furono gli ufficiali a dover selezionare un centinaio di volontari per l'azione. E così, alle 17:00, la compagnia di formazione, comprendente solo volontari e posta agli ordini del t.v. Mario Betti, del s.t.v. Giulio Cencetti e dei g.m. Claudio Cicerone, Mario Cinti e Paolo Bosio si preparò per muovere verso la posizione assegnata. I camion tedeschi arrivarono però solo alle 19:30. La compagnia prese posizione a sud di Cinecittà quando era già notte. Sui suoi fianchi, erano schierati reparti di paracadutisti tedeschi dotati di armi anticarro. Seguirono alcune ore di calma assoluta, mentre si udivano rumori di carri provenienti dalla zona di Porta San Paolo. Ai reparti tedeschi era stato ordinato di mantenere quelle posizioni fino alle 5:00 del mattino, mentre alla compagnia del *Barbarigo* non era stata data alcuna consegna in merito. La notte passò tranquilla, poi alle prime luci dell'alba, i paracadutisti tedeschi iniziarono a ripiegare. Considerando ormai inutile restare su una posizione totalmente isolata, anche i marò alla fine decisero di ripiegare, a bordo di un camion recuperato all'ultimo momento, facendo ritorno a Maridist: qui i marò trovarono una situazione caotica con i civili intenti a saccheggiare l'edificio. Dopo aver recuperato un altro camion civile, i marò ripiegarono verso nord. Lungo le strade, una folla di civili in attesa dell'arrivo dei reparti americani. E così, la mattina del 4 giugno 1944, i superstiti del *Barbarigo* lasciarono Roma. Alle 23:00, il capitano Bardelli giunse al comando del generale Mälzer, dove ricevette l'ordine di far rientrare a la Spezia il grosso del battaglione.

Note

[1] Da "*Duri a morire - storia del Battaglione Barbarigo*", pagina 66.

Cap. VII) Dopo Nettuno

Nel giugno 1944 la *'Decima'* raggruppò i suoi Battaglioni nell'alto Piemonte e il *'Barbarigo'* fu il primo reparto a giungere nella regione, in particolare nella zona del lago di Viverone, per poi trasferirsi successivamente a Pont Canavese. L'8 luglio si verificò l'incidente in cui persa la vita il capitano Bardelli, a Ozegna, una frazione a sud di Courgné (Torino). Giunto nella piazza del paese per uno scambio di prigionieri concordato in precedenza con una banda partigiana locale, un gruppo di marò del *Barbarigo* guidati dal capitano Bardelli, cadde in una trappola e finì sotto il fuoco degli stessi partigiani. Bardelli fu uno dei primi a cadere. Alla fine si contarono nove caduti e numerosi feriti tra i marò. All'inizio di ottobre del 1944, i marò mossero all'attacco delle bande partigiane nascoste nella zona di Rimordono (Torino), costringendole a fuggire in Francia.

Milano, 28 ottobre 1944. I reparti del *Barbarigo* sfilano per la città durante il trasferimento dal Piemonte al Veneto. In testa si riconosce il T.V. Giulio Cencetti (*Manzoni*).

Il 25 ottobre 1944, il *Barbarigo* ricevette l'ordine di portarsi sul fronte orientale italiano e il 29 giunse a Vittorio Veneto, per tentare di arginare la forte pressione esercitata contro la frontiera italiana e sulla città di Gorizia dai partigiani sloveni del *IX Corpus* appoggiati dalle bande comuniste italiane. Insieme al *Barbarigo*, anche la 2ª e la 3ª compagnia del Battaglione *'Valanga'*. I partigiani slavi erano arrivati fin sotto Gorizia. I reparti della *Decima* rastrellarono con successo tutta la zona, infliggendo pesanti perdite alle bande di Tito. Alla fine di dicembre il *Barbarigo*, con altri reparti della Divisione *Decima* fu inviato sul fronte dell'Isonzo per fronteggiare il *IX Korpus* che minacciava la città di Gorizia. Fu pianificata, in accordo con il comando dell'*Adriatische-Kustenland* l'operazione *'Aquila'*: I

Nettuno, il Barbarigo è in linea!

marò del *Barbarigo* attaccarono le bande titine sul Monte San Gabriele, travolgendole, infliggendo pesanti perdite e costringendole a ripiegare. All'inizio di febbraio del 1945, la divisione *'Decima'* lasciò la zona di Gorizia, ma il battaglione *Barbarigo* rimase ancora per alcune settimane per difendere i confini orientali della Repubblica e respingere gli attacchi dei partigiani sloveni. Verso la metà di marzo, giunse l'ordine di trasferimento sul fronte sud: partì da Vittorio Veneto il giorno 20 per portarsi nella zona di Imola il 27 marzo. Qui il battaglione fu posto alle dipendenze del comando I Gruppo di combattimento Decima, comprendente oltre al *Barbarigo*, il Battaglione *Lupo*, il Battaglione *NP* (Nuotatori Paracadutisti), il Battaglione *Freccia* (Genio e Trasmissioni) e il Gruppo d'artiglieria *Colleoni*. Tra il 28 marzo ed il 4 aprile, proprio nella zona di Imola, i marò furono impegnati in un'intensa attività di pattuglia catturando numerosi prigionieri, appartenenti soprattutto al Gruppo *Friuli* dell'Esercito Regio. Il 20 aprile, per la forte pressione alleata, il Battaglione iniziò il ripiegamento verso nord attraversando il fiume Po in località Goro.

Fronte del Senio, primavera 1945: una pattuglia del *Barbarigo* in azione (*Tamaro*).

A Santa Maria Fornace, i marò furono impegnati in un duro combattimento contro reparti della Brigata *Cremona* del Regio Esercito del Sud (vestiti con uniformi britanniche). Il 28 aprile, la 2ª compagnia del *Barbarigo* fu impegnata ad eliminare una postazione partigiana nei pressi del ponte del Bassanello. La notte successiva, giunse l'invito del Maresciallo Rodolfo Graziani a deporre le armi. Al mattino dopo, inquadrati dai loro Ufficiali, i marò entrarono a Padova armati, passando fra i reparti di carristi inglesi e neozelandesi che resero loro l'onore delle armi. Il 30 aprile, il Battaglione si concentrò nella caserma *'Pra della Valle'* e fu considerato disciolto. I marò furono avviati al 209 POW Camp ad Afragola (in provincia di Napoli), dove rimasero circa un mese. Il 5 giugno, furono trasferiti a Taranto e imbarcati sulla *Duchess of Richmond* diretta in Algeria, destinazione il 211 POW Camp di Cap Matifou ad una trentina di chilometri da Algeri.

Nettuno, il Barbarigo è in linea!

BARBARIGO
Xª FLOTTIGLIA MAS

 per l'onore

1 Aprile 1944-XXII   **N. 1**

Giornale di guerra de Barbarigo - Fronte di Nettuno

PRESENTI ALLE BANDIERE

Guardiamarina Sebastiani Paolo 1 Compagnia
Sergente Cortese Enzo 3. Compagnia
Marò Bernardi Italo 1. Compagnia
Marò Caprai Fernando 1. Compagnia
Marò Frezza Emanuele 1. Batteria

2 Capo Nobili Emilio 1. Compagnia
S. C. Farnè Alfonso 2. Batteria
Marò Breda Dante 1. Compagnia
Marò Egi Walter 3 Compagnia
Marò Mancino Aldo 2 Batteria

Marò Spagna Alberto 1. Compagnia

I PRIMI

Sulle linee della 1. Compagnia è rimasta una croce su un macchio di rossa terra italiana. Sono i due morti che non si sono potuti portare indietro, quelli presi da una granata nella buca e che sono rimasti sulla linea a fare buona guardia. E' la prima Compagnia, quella che per noi tutti si chiamerà sempre «DECIMA», che ha più generosamente delle altre lasciato un solco di sangue fecondo.

Guardiamarina Sebastiani, tu che hai preso il comando della prima squadra, l'hai assunto sorridendo con i tuoi vent'anni ed i ragazzi che ti hanno visto arrivare ti hanno accolto con il loro più chiaro volto.

Questa volta non ti chiedono nè scarpe nè rancio caldo. Ti hanno fatto vedere la loro «LINEA» e ti hanno detto che non è dura a consegna: **Siamo tutti qui per i vivi perchè il nostro giovane e puro sangue non sia dimenticato**

e dia frutto perchè i compagni che combattono sanno che senza di noi ogni parola e ogni promessa **non sono che una vuota retorica'**

E Frezza ti parlerà della sua batteria e di come era dolce la musica di quei primi quattro cannoni ITALIANI che dopo tanto buio e tanta vergogna sono tornati a sparare sui vecchi nemici.

E Capo Nobili, quello che fu tra i primissimi a formare quella ormai lontana Compagnia di fanti che alla rinascente Decima assicurava i primi servizi di picchetto dopo l'8 Settembre vi racconterà nelle sere lunghe mentre veghava su noi rimasti delle prime giornate di settembre del suo lavoro e del suo entusiasmo, dei volontari che arrivavano da quello che era il caos dell'Italia, e si riscaldavano alla nostra fede increduli che ancora esistesse qualcosa che tenesse alto e fiero, sul vento del mare, il Tricolore.

Ed il Sergente Cortese, quello che è arrivato solo a Roma e che ha sollecitato di essere accolto

Prima pagina del giornale di guerra del *Barbarigo* del 1 aprile 1944 (*Marco Romagnoli*).

Nettuno, il Barbarigo è in linea!

Alleg. 3 al F. O. n. 50 del 7 Ottobre 1944-XXII

SOTTOSEGRETARIATO DI STATO PER LA MARINA
DEL MINISTERO DELLE FORZE ARMATE
GABINETTO

DECORAZIONI AL VALOR MILITARE

Il DUCE della Repubblica Sociale Italiana, su proposta del Ministro delle FF. AA., con Decreto in data 10 settembre 1944-XXII ha concesso la seguente decorazione al valor militare:

MEDAGLIA DI BRONZO

GAGLIARDETTO DEL GRUPPO DI COMBATTIMENTO «*BARBARIGO*», comprendente il Battaglione « Barbarigo » ed il Gruppo di Artiglieria « San Giorgio »:

« Armato essenzialmente di fede e di coraggio chiedeva di essere inviato al fronte di Nettuno per riscattare l'onore della Patria tradita.

« A fianco dell'alleato fedele, in tre mesi di asperrima lotta, contendeva, fino all'estremo, alle orde travolgenti dei nuovi barbari il possesso di Roma immortale, dando luminose prove di strenuo valore e consacrando col sangue dei migliori il sacro diritto d'Italia alla vita e alla rinascita ».

Fronte di Nettuno-Roma, 4 giugno 1944-XXII.

Documento per la concessione della Medaglia di Bronzo al gagliardetto del gruppo da combattimento '*Barbarigo*' (Marco Romagnoli).

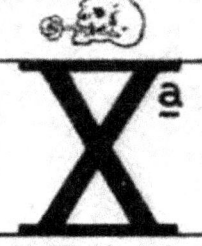

Frase stampata sul retro di una cartolina postale illustrata della Decima MAS.

Bibliografia

AA.VV., "*After the Battle, number 52: Anzio*", Battle of Britain Prints Int. Ltd.
Nino Arena, "*Soli contro tutti*", Edizioni Ultima Crociata
Silvio Bertoldi, "*I tedeschi in Italia*", Rizzoli
Mario Bordogna, "*Junio Valerio Borghese e la X^a Flottiglia MAS*", Mursia, Milano, 2007
Guido Bonvicini, "*Decima Marina! Decima Comandante!*", Mursia, Milano
Junio Valerio Borghese, "*Decima Flottiglia MAS*", Garzanti
Sole De Felice, "*La Decima MAS e la Venezia Giulia 1943-45*", Edizioni Settimo Sigillo
Ricciotti Lazzero, "*La Decima MAS*", Rizzoli
Luciano Luci Chariti, "*Col Barbarigo a Nettuno*", Casa Editrice delle Edizioni Popolari
Daniele Lembo, "*I fantasmi di Nettunia*", Edizioni Settimo Sigillo
Sergio Nesi, "*Decima flottiglia nostra…*", Mursia
Marino Perissinotto, "*Duri a morire - storia del Battaglione Barbarigo*", Ermanno Albertelli
Perissinotto, Panzarasa, "*Come la Fenice*", Editoriale Lupo
Giorgio Pisanò, "*Gli ultimi in grigioverde*", C.D.L. Edizioni
Marco Romagnoli, "*X^a flottiglia. Uniformi e armamenti della Decima MAS*", Ritter edizioni
Marco Romagnoli, "*Marò 43-45. Decima Flottiglia MAS tessere, foto*", Ritter edizioni
Marco Romagnoli, "*Per l'onore. La Decima Flottiglia MAS e la sua propaganda 1943-1945*", Ritter edizioni
Mario Tedeschi, "*Si bella e perduta…Storia del Battaglione Barbarigo e dell'amor di Patria*", Tedeschi C. Editore

Pubblicazioni periodiche
Rivista '*Fronti di Guerra*' edita dall'Associazione Culturale Ritterkreuz, alcuni numeri

Trombettiere e mascotte del *Barbarigo* a Roma, febbraio 1944.

Nettuno, il Barbarigo è in linea!

Marò del *Barbarigo* durante una pausa nei combattimenti sul fronte di Nettuno, marzo 1944.

INDICE

Nettuno, il Barbarigo è in linea! 5
Cap. I) Fronte laziale, marzo 1944 7
    Nella città eterna 10
Cap. II) Sulla testa di ponte 13
    Operazione Shingle 13
    L'arrivo del Barbarigo 15
    In combattimento..19
Cap. III) Il gruppo artiglieria San Giorgio 23
    Continua la battaglia 27
Cap. IV) Le posizioni tengono...33
    La visita del comandante Junio Valerio Borghese...............................34
    Di nuovo in linea 35
    L'artiglieria della Decima blocca i carri nemici 39
    Nuovi attacchi 41
Cap. V) L'offensiva alleata...45
    Nuovi scontri..47
    Ordine di ripiegamento...49
    La sorte della 1ª compagnia 53
    La sorte della 2ª compagnia 54
    La sorte della 3ª compagnia 58
    La sorte della 4ª compagnia 59
    La sorte degli artiglieri 61
    Bilancio delle perdite..61
Cap. VI) L'ultima battaglia per Roma 62
Cap. VII) Dopo Nettuno 64
Bibliografia...68

TITOLI PUBBLICATI - ALREADY PUBLISHING

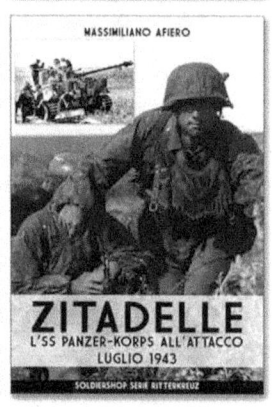

www.ingramcontent.com/pod-product-compliance
Lightning Source LLC
LaVergne TN
LVHW081453060526
838201LV00050BA/1789